Kathi Kamleitner

# Glücksorte in Glasgow

Fahr hin & werd glücklich

Dieses

# Glücksbuch

ist für

# Liebe Glücksuchende,

Glasgow und ich – das war Liebe auf den ersten Blick. Und dabei verstand ich am Anfang kein Wort. Die Taxifahrt vom Flughafen zu meiner Studentenwohnung wurde zum Rätselraten mit Körpersprache, denn aus dem Dialekt des Fahrers wurde ich nicht schlau. Und doch fühlte ich mich sofort daheim. Die Menschen, die Architektur, der Whisky – wer kann da schon widerstehen?
Nach vielen Jahren in der Stadt verstehe ich zwar immer noch nicht jedes Wort, doch mein Herz strahlt, wenn ich anderen von meiner Wahlheimat erzähle. Auch wenn diese oft veraltete Vorstellungen der ehemaligen Industriestadt haben. Glasgow ist eben doch noch eine Art Geheimtipp. Es gibt viel zu entdecken!
Und so machte ich mich mit viel Freude an die Recherche für dieses Buch. Viele Orte lagen dabei ganz offensichtlich auf der Hand, wie der Harry-Potter-eske Kreuzgang der Universität, oder die belebende Stille des Hidden Gardens. Doch die Stadt schaffte es immer wieder aufs Neue, mich zu überraschen. So stolperte ich zum Beispiel über das Sharmanka Kinetic Theatre, das nicht mal die meisten Ur-Glasgower kennen. Ich traf Menschen, die hier seit Jahrzehnten Bier zapfen, Musik machen oder die Geister der Stadt zum Leben erwecken, und lauschte ihren Geschichten.
Mit meiner Auswahl an Glücksorten lade ich Sie ein, mit viel Humor und offenem Ohr ins Stadtleben von Glasgow einzutauchen – dann klappt's auch mit dem Dialekt-Verstehen!

Ihre Kathi Kamleitner

GLÜCK

# Deine Glücksorte ...

# … noch mehr Glück für dich

# Humorvolle Ikone

1

## Die Duke-of-Wellington-Statue

Die Glasgower sind ein hartnäckiges Volk. Wenn sie sich erst einmal etwas in den Kopf gesetzt haben, ist es schier unmöglich, sie davon wieder abzubringen. Die Reiterstatue des Duke of Wellington vor der Gallery of Modern Art kann davon ein Lied singen. Sie wurde 1844 zu Ehren von Arthur Wellesley errichtet, dem 1. Herzog von Wellington, der Napoleon bei der Schlacht bei Waterloo besiegte. Doch seit den 1980er-Jahren macht das Denkmal in anderer Hinsicht Schlagzeilen: Eines Tages hatte jemand – vielleicht auf dem Heimweg vom Pub? – die glorreiche Idee, dem Herzog einen Hut aufzusetzen. Doch wo findet man spätabends schon noch einen Hutladen? Als die Stadt am nächsten Tag erwachte und im Stadtzentrum Tausende Menschen zur Arbeit strömten, entdeckten sie einen merkwürdigen Gegenstand am Kopf der Reiterstatue: einen Verkehrskegel. Die Stadtverwaltung ließ nicht lange auf sich warten und entfernte den „Hut". Doch so schnell ließen sich die nächtlichen Spaßvögel nicht unterkriegen, und kurze Zeit später war der Kegel wieder drauf. Und so ging es hin und her. Es wird gemunkelt, dass die Stadt bis zu 10.000 Pfund pro Jahr ausgab, um ein ums andere Mal einen Verkehrskegel vom Kopf der Statue zu entfernen. 2013 wollte sie sogar den Sockel erhöhen, um den Spaßvögeln das Erklimmen der Statue zu erschweren. Doch es war zu spät. Die Bevölkerung hatte den Kegel lieb gewonnen und startete prompt eine Petition namens „Keep the cone". Die Stadt musste sich dem öffentlichen Druck beugen, und der Hut blieb. Inzwischen ist der behütete Herzog zum Emblem der Stadt geworden und passt sich regelmäßig der Situation an, vom Regenbogenkegel am Tag der Pride Parade bis zum schwarzen Hut an Trauertagen. Sogar das Pferd des Herzogs hat manchmal einen passenden Kegel auf dem Kopf. London hat Big Ben, Edinburgh eine mittelalterliche Burg. Und Glasgow – hat eine Reiterstatue mit einem Verkehrskegel auf dem Kopf.

TIPP

Die Gallery of Modern Art bietet moderne Kunst bei freiem Eintritt und ist immer einen Besuch wert.

● Duke of Wellington Statue, 16 Royal Exchange, Glasgow G1 3AG
● ÖPNV: U-Bahn bis Haltestelle Buchanan Street

# Kopfsteinpflaster-Romantik

## 2 Die Ashton Lane im Univiertel

Gut versteckt zwischen der verkehrsreichen Byres Road und den grünen Alleen des Universitätsviertels liegen die charmantesten Gassen des West Ends. Einst zwielichtige Versorgungswege, bieten diese engen Gässchen heute ein Kaleidoskop aus Secondhand-Läden, trendigen Boutiquen, leckeren Restaurants und gut besuchten Lokalen. Besonders bunt geht es in der Ashton Lane zu, die auf 50 Metern Länge ein wahres Fest für die Sinne bietet. Hier geben sich Studierende, Kinogeher, Biertrinker und Feinschmecker die Klinke in die Hand. Die Verwandlung der Gasse begann im Jahr 1976, als das beliebte Restaurant Ubiquitous Chip seinen Standort von der nahe gelegenen, aber teuren Ruthven Lane in die bis dahin dunkle und abgeschiedene Ashton Lane verlegte. Schon damals setzte der revolutionäre Koch Ronnie Clydesdale auf regionale Zutaten und verhalf der schottischen Küche zu einem Imagewechsel. Plötzlich war Seehecht aus Oban der letzte Schrei. Inzwischen ist das „The Chip", wie das mit zwei AA-Rosetten ausgezeichnete Restaurant von den *locals* genannt wird, zu einer echten Institution des Viertels avanciert. Doch auch bodenständigere Restaurants haben sich in der Ashton Lane angesiedelt, genauso wie Pubs, Cafés und ein kleines Kino mit einem gemischten Programm aus Hollywoodfilmen und Kunstkino. Im Sommer ist kaum ein Ort so beliebt wie der südseitige Biergarten des Restaurants Brel, das sich in einer alten Wagenhalle am Ende der Gasse befindet. Hier sorgt die späte Nachmittagssonne für Feierabendstimmung, und Bierliebhaber können aus über 60 Sorten wählen. Fotografen finden die zauberhafte Aston Lane besonders schön. Denn neben den zahlreichen grün umrankten Balustraden der charmanten Treppenaufgänge wird die kopfsteingepflasterte Gasse nach Sonnenuntergang auch noch von einem Teppich an Lichterketten erleuchtet. Ob im Sommer oder Winter – ein Besuch der Ashton Lane ist eine magische Gelegenheit, das geschäftige Treiben an sich vorbeiziehen und die Seele baumeln zu lassen.

**TIPP**

Zum Bummeln und Einkaufen lohnt es sich, auch die Boutiquen der Cresswell Lane zu erkunden.

- Ashton Lane, Glasgow G12 8SJ
- ÖPNV: U-Bahn bis Haltestelle Hillhead

INNIS & GUNN
BEER KITCHEN
INNIS & GUNN
BEER KITCHEN
INNIS & GUNN
BEER KITCHEN
TIME FOR A CUP?
FRESHLY ROASTED
COFFEE FROM OUR
PALS OVER AT
'PAPERCUP'
SERVED HERE!

# Pick and mix

## 3 Der Big Feed Street Food Market

„Pick and mix"-Wände sind aus schottischen Supermärkten nicht wegzudenken. Wer liebt es nicht, kleine Papiertüten mit bunten Süßigkeiten zu füllen? Eine Handvoll hiervon, ein paar Gramm davon. Glück ist, sich nicht entscheiden zu müssen. Diese Leichtigkeit des Seins trägt bestimmt auch zum Erfolg von Street-Food-Märkten bei. Hier wird zwar nicht pro Gramm bezahlt, doch das Prinzip ist dasselbe: Statt an ein Restaurant gebunden zu sein, kann man sich hier einmal um die Welt essen. Die ideale Lösung für alle, die sich nicht entscheiden können oder wollen. Und das weiß man auch in Glasgow, denn hier findet jedes Wochenende der preisgekrönte Big Feed Street Food Market statt.

Von außen macht die große Lagerhalle wenig her, doch drinnen wartet eine schicke Überraschung. Die Food Trucks strahlen in allen Farben des Regenbogens. Von der Decke hängen Lichterketten. Fröhliche Gruppen sitzen an rustikalen Holztischen. Dazwischen sorgen bunte Wände, bemalte Tafeln und frische Begrünung für Leben. An den Ständen wird gebraten, gebacken, gebrutzelt und frittiert. Einige der Händler sind immer da, andere wechseln sich ab. Eine große Auswahl ist garantiert. Von schottischen Wohlfühlgerichten zu Speisen aus aller Welt und zahlreichen süßen Köstlichkeiten ist alles dabei. Da der Markt überdacht ist, kann das temperamentvolle schottische Wetter niemandem einen Strich durch die Rechnung machen. Für sonnige Tage gibt es einen großen Biergarten zum Sonnetanken, und Kinder sind an der Schminkstation gut aufgehoben. Selbst vierbeinige Gäste sind herzlich willkommen.

Und so werden alle Besucher hier zum sprichwörtlichen „Kind im Süßwarenladen". Zuerst eine Steinofenpizza aus luftig leichtem Sauerteig. Dazu eine kleine Schale *mac & cheese* mit lokalem Cheddar. Vielleicht auch eine Portion Tacos mit Haggis? Zum Abschluss dann eine Tüte Churros mit Schokosoße, Schlagsahne und kleinen Marshmallows. Und so füllt sich erst der Tisch und dann auch schnell der Bauch – ganz ohne dass man sich entscheiden muss.

● Big Feed Street Food Social, 249–325 Govan Road, Glasgow G51 2SE
www.big-feed.com
● ÖPNV: U-Bahn bis Haltestelle Ibrox

# Clockwork Orange

4

## Die Glasgower U-Bahn

Was haben London, Budapest, Chicago und Glasgow gemeinsam? Sie alle eröffneten bereits im 19. Jahrhundert Untergrundschnellbahnen und haben somit die ältesten U-Bahn-Systeme der Welt. Seit 1896 fährt die Glasgow Subway mit nur einer einzigen Linie unter der Stadt im Kreis. Wobei, streng genommen sind es zwei Linien – eine im und die andere gegen den Uhrzeigersinn. Die Errichtung der U-Bahn revolutionierte damals den Personenverkehr der Stadt. Glasgow war eine der ersten europäischen Städte mit mehr als einer Million Einwohner. Die Metropole hatte ein komplexes System mit Vorortbahnen, Bussen und Straßenbahnen, doch die U-Bahn ermöglichte es noch mehr Menschen, schneller von A nach B zu gelangen. Sie verband das Stadtzentrum mit den Schiffswerften am Fluss und den dicht besiedelten Wohnvierteln in Govan, Partick und den Gorbals. Ihren Spitznamen „Clockwork Orange" erhielt sie von der kreisförmigen Routenführung und der Farbgebung der Züge, die in leuchtendem Orange erstrahlen. Ursprünglich mit Zugseilen und Dampfmaschinen betrieben, wurde die Glasgower Subway in den 1930er-Jahren auf Elektrizität umgestellt. Seitdem wurde die U-Bahn mehrmals modernisiert, Bahnhöfe wurden erweitert und Zugänge erleichtert. Doch eins ist geblieben: Die ungewöhnlich engen Gleise und Tunnel verleihen der Fahrt eine gehörige Portion Abenteuer. Die Bahn ruckelt und zuckelt von links nach rechts, wenn sie mit bis zu 54 km/h durch die Tunnel prescht. Der Lärm ist ohrenbetäubend, ein Gespräch mit dem Sitznachbarn schier unmöglich. Doch genau das ist der Charme dieser kleinen U-Bahn, die gleichzeitig ein Mittel zum Zweck und ein Stück Technikgeschichte ist. Eine Fahrt im Kreis mit Halt in allen 15 Stationen dauert lediglich 24 Minuten – eine Aktivität, die sich wirklich niemand entgehen lassen sollte. Wer besonders trinkfest ist, kann sich auch an einem „*subcrawl*" versuchen – einem *pub crawl,* bei dem an jeder U-Bahn-Station ein anderer Pub besucht wird. Na dann: Prost und Zug ab!

**TIPP**

Im Riverside Museum befindet sich eine faszinierende Replik eines Originalbahnhofs der Glasgow Subway.

● Glasgow Subway
www.spt.co.uk/subway

Kelvinbridge

# Whisky Galore

## 5 The Pot Still

Geraldine Murphy hat Whisky im Blut. Ihre Familie besaß schon immer Pubs in Glasgow. Heute sind sie, ihr Bruder Frank und ihr Vater stolze Inhaber von The Pot Still, einer preisgekrönten Whiskybar im Stadtzentrum. Geraldine und Frank lernten hier beim Vorbesitzer das Handwerk des Barkeepers, und als sich 2011 die Möglichkeit anbot, den Pub zu übernehmen, zögerten sie keine Sekunde lang. Damals standen etwa 200 Whiskyflaschen hinter der Bar – mehr als genug in den meisten Pubs. Doch über die Jahre hinweg haben die Geschwister den Umfang ihrer Whiskysammlung vervielfacht. Keine Flasche gleicht der anderen. Wann immer eine der zahlreichen schottischen Destillerien einen neuen Whisky auf den Markt bringt, findet früher oder später die eine oder andere Flasche davon ihren Weg in die Sammlung. Der Anblick lässt die Herzen von Whiskyfreunden höherschlagen. Die Regale hinter der traditionellen Holzbar reichen bis unter die Decke und biegen sich unter dem Gewicht von mehr als 800 Whiskyflaschen. Neben einer Glasvitrine voller Raritäten ist vor allem die alljährliche „Birthday Bottle" eine ganz besondere Spezialität: Jedes Jahr wählt das gesamte Team des Pubs gemeinsam ein Fass aus, um den Geburtstag der Bar zu feiern. Bei so viel Whisky zur Auswahl brauchen selbst erfahrene Connaisseurs ein wenig Hilfe, sich zu entscheiden. Glücklicherweise arbeiten hier wahre Experten und empfehlen gerne einen Whisky, je nach Interesse, Geschmack und Budget. Wer es genau wissen möchte, bucht am besten entweder eine private Whiskyverkostung oder behält den Eventkalender des Pubs im Auge, um eine der monatlichen Whiskyveranstaltungen zu besuchen. Natürlich gibt es im Pub auch reichlich Bier und andere Spirituosen, doch Geraldine ist fest überzeugt, dass es einen Whisky für jede Person gibt – selbst für Skeptiker. Man muss dem schottischen Nationalgetränk gegenüber nur aufgeschlossen sein.

TIPP

Wen der Whisky hungrig macht, der bestellt am besten einen der frischen pies (Pasteten).

● The Pot Still, 154 Hope Street, Glasgow G2 2TH, Tel. +44 141 333 0980
www.thepotstill.co.uk
● ÖPNV: U-Bahn bis Haltestelle Buchanan Street

GORDON & MACPHAIL
ESTD 1895
Carefully MATURED in our OWN CASKS with spirit ENTRUSTED to us
FROM
CAOL ILA DISTILLERY
ISLAY
2007
REFILL BOURBON BARRELS
13
HERMITAGE CASKS FOR 3 YEARS
SINGLE MALT SCOTCH WHISKY
GORDON & MACPHAIL, ELGIN, SCOTLAND
WOOD FINISHED
CONNOISSEURS CHOICE

6

## Die Glasgow Women's Library

Bereits Simone de Beauvoir sagte, das Glück sei ihr sicher, solange es Bücher gebe. Nichts verleiht Gedanken solche Beständigkeit wie das geschriebene Wort. Ob Belletristik, Dichtung oder Sachliteratur: Bücher bereichern den Geist, und Bibliotheken ermöglichen Reisen in die Vergangenheit, in ferne Länder und Kulturen oder sogar in andere Welten. Doch Literatur ist auch eine Sache des Widerstands, ein Mittel, das für Positives genutzt werden kann, um vergessene Tatsachen aus der Dunkelheit ans Licht zu bringen. Und genau zu diesem Zweck öffnete 1991 die Glasgow Women's Library ihre Pforten. Ihr Ziel: die historischen, kulturellen und politischen Beiträge von Frauen zu feiern. Die Gründerinnen der Bibliothek taten sich 1990 zusammen, als Glasgow ein Jahr lang europäische Kulturhauptstadt war. Sie erarbeiteten ein Programm, das die Frauenkulturen der Stadt feierte, und sammelten Materialien und Objekte, die ihre Geschichte belegten. Tausende von Frauen haben seither etwas zur Sammlung der Bibliothek beigetragen, die seit 2015 auch als Museum akkreditiert ist. Die Kollektionen beinhalten unter anderem Erinnerungsstücke der Suffragettenbewegung, radikale feministische Pamphlete, Protestplakate, ein Archiv lesbischer Kultur und Kampagnenmaterialien von verschiedenen Frauenrechtsbewegungen des 20. Jahrhunderts. Das regelmäßige Programm der Women's Library reicht von öffentlichen Veranstaltungen und Ausstellungen, bei denen alle willkommen sind, zu kleinen Lesegruppen, Englischkursen und Lese- und Schreibunterricht nur für Frauen. Die Bibliothek schafft somit unendliche Möglichkeiten, sich an der Erhaltung und Förderung von Frauenbildung zu beteiligen. Das Herzstück der Glasgow Women's Library ist natürlich die Bücherei. Die Titel reichen von feministischen Manifesten bis hin zu ganz ungewöhnlichen Büchern von und über Frauen. Und natürlich findet sich auch Simone de Beauvoirs Klassiker „Das andere Geschlecht" im Regal. Die Bibliothek ist eine warmherzige Ruheoase, die zum gemütlichen Schmökern einlädt.

TIPP

Überfordert mit der Auswahl? Mitarbeiterinnen der Bibliothek haben immer eine Leseempfehlung parat.

- Glasgow Women's Library, 23 Landressy Street, Glasgow G40 1BP, Tel. +44 141 550 2267, www.womenslibrary.org.uk
- ÖPNV: Bahn von Central bis Haltestelle Bridgeton

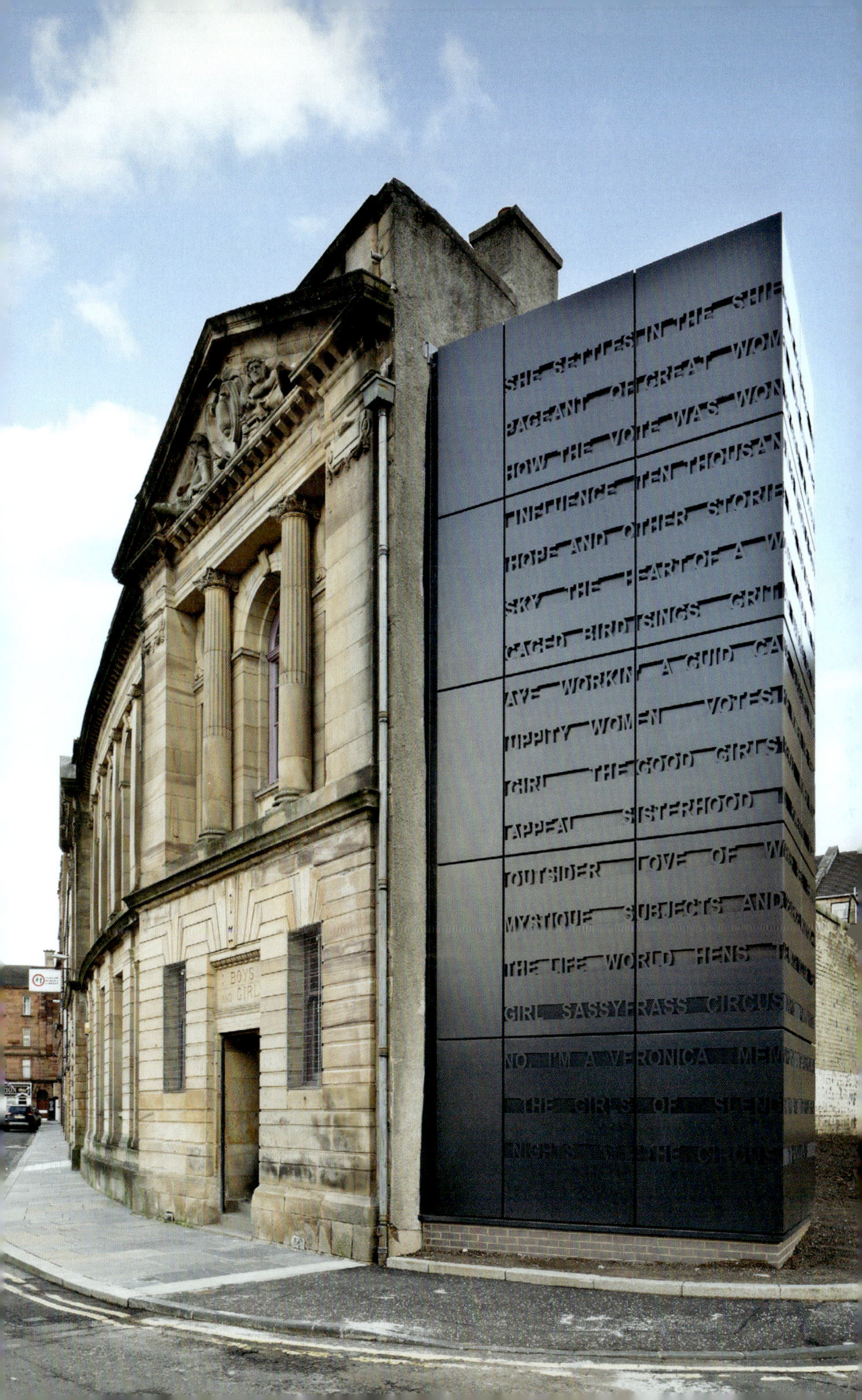
SHE SETTLES IN THE
PAGEANT OF GREAT
HOW THE VOTE WAS
INFLUENCE TEN
HOPE AND OTHER
SKY THE HEART OF A
CAGED BIRD SINGS
AYE WORKIN A GUID
UPPITY WOMEN
GIRL THE GOOD
APPEAL SISTERHOOD
OUTSIDER LOVE OF
MYSTIQUE SUBJECTS
THE LIFE WORLD HENS
GIRL SASSYFRASS
NO, I'M A VERONICA
THE GIRLS OF
NIGHTS AT THE CIRCUS

# Villa Kunterbunt

## 7 Die Yardworks von Studio Warehouse

Graffiti und Street-Art standen lange Zeit im Schatten von „gehobeneren“ Kunstwerken. „Richtige Kunst“ gehört ins Museum, nicht auf die Straße, fand man. Doch in letzter Zeit treten immer mehr Künstlerinnen und Künstler, die mit Spraydosen und Schablonen arbeiten, ins internationale Rampenlicht. Banksy, Invader, Vhils & Co. kennt in der Kunstszene heute jeder, und Museen und Galerien auf der ganzen Welt finden an ihrer oftmals rebellischen und subversiven Kunst Gefallen. Doch die meisten vergessen ihre Wurzeln nicht – ihr wahres Zuhause ist nach wie vor die Straße. Um genau das zu feiern, schießen alternative Street-Art-Festivals wie Pilze aus dem Boden. Sie laden Künstler ein, stellen ihnen Wände zur Verfügung und schaffen Raum für Begegnungen. Auch Glasgow hat solch ein Festival, das jährlich im Mai richtig Farbe in die Stadt bringt. Standort des Festivals ist der riesige Hof des Studio Warehouse, ein industriell anmutender Veranstaltungsort zwischen den Bahnbögen am Fluss und dem hippen Stadtteil Yorkhill. Gründer Gaz Mac und Kuratorin Marianne Vosloo versammeln über 100 Künstler von nah und fern, die mehrere Tage lang bunte *murals* und Graffiti produzieren. Aufstrebende Graffiti-Writer aus Glasgow sprayen dabei neben weltberühmten Straßenkünstlern – ein Austausch, der sonst so nicht möglich wäre und vor allem für die Nachwuchstalente der Stadt eine einzigartige Chance darstellt. Festivalbesucher können den Künstlern dabei über die Schulter schauen und treffen mit ein bisschen Glück auch ihre persönlichen Helden.

**TIPP**

In der Yardworks Gallery können Varianten der Kunstwerke erworben werden, die man sich zuhause aufhängen kann.

Doch auch außerhalb des Festivals ist hier stets etwas los. Kunstbegeisterte können losziehen, um die 27 bemalten Bahnbögen außerhalb der Anlage zu bewundern. Ein Gebäude am Rande des Hofs erstrahlt stets in neuen *murals*, und der Hof ist immer dann zugänglich, wenn die Acid Bar im Erdgeschoss geöffnet ist. Der Fokus liegt darauf, der lokalen Graffitiszene eine Plattform zu bieten, Kollaborationen zu unterstützen und gleichzeitig die Straßenkunst in die Welt zu tragen.

● SWG3 Studio Warehouse, 100 Eastvale Place, Glasgow G3 8QC, Tel. +44 141 337 1731, www.swg3.tv/arts/yardworks
● ÖPNV: Bahn von Central bis Haltestelle Partick

# Theater einmal anders

8

## Das Sharmanka Kinetic Theatre

Manche Glücksorte liegen so gut verborgen, dass nur die hartnäckigsten unter den Glücksuchenden fündig werden. Das Sharmanka Kinetic Theatre ist solch ein Ort. Sogar viele waschechte Glasgower haben keine Ahnung, dass es existiert. Und dabei ist ein Besuch in diesem einzigartigen Theater eine fesselnde Reise voller Kreativität und Magie. Der russische Holzschnitzer Eduard Bersudsky und die Dramaturgin Tatyana Jakovskaya gründeten das „kinetische Theater" 1989 in Sankt Petersburg. Eduard schnitzte die Figuren und baute die Maschinen, Tatyana hauchte ihnen mit Licht und Musik Leben ein. Eine Reihe glücklicher Zufälle führte das Paar nach dem Zerfall der Sowjetunion nach Glasgow. Der Museumskurator Julian Spalding, der damals gerade die Gallery of Modern Art entwickelte, empfing sie mit offenen Armen und bat Eduard, eine bewegliche Skulptur für das Museum zu entwerfen. Der Rest ist Geschichte. Sharmanka fand hier ein neues Zuhause.

Die Theatervorführung besteht aus einer genau geplanten Choreografie. Besucher bewegen sich durch die Galerie und folgen den Lichtern, während eine Skulptur nach der anderen zum Leben erwacht. Kleine Holzmännchen drehen Rädchen, Ratten ziehen an Schnüren, Affen treten in die Pedale. Die Maschinen bestehen aus unzähligen Details und erzählen märchenhafte Geschichten. Licht, Musik und Schatten brillieren in den Nebenrollen. Eduard, Tatyana und ihr Sohn Sergey Jakovsky, der das Theater inzwischen leitet, mischen dabei russische und schottische Einflüsse. Neben traditionellen Kosakenliedern erklingen gälische Sprechchöre. Eine Figur besteht komplett aus Schrott vom Barras Market, eine andere wurde aus einem alten Harris-Tweed-Webstuhl konstruiert. Den Besuchern steht es frei, die Maschinen auf eigene Weise zu interpretieren. Doch eines ist klar: Ob kindliche Aufregung oder technische Faszination – die kinetischen Skulpturen von Sharmanka transportieren alle Besucher in eine Welt der Wunder.

TIPP

Im Café Cossachok unter demselben Dach gibt es russische Spezialitäten, von Borscht bis Blinis.

- Sharmanka Kinetic Theatre, 103 Trongate, Glasgow G1 5HD, Tel. +44 141 552 7080, www.sharmanka.com
- ÖPNV: First Bus 2, 18, 60, 61 bis Haltestelle Candleriggs

# Mary und Henry

## 9 Der Dams to Darnley Country Park

Ganz egal wie stressig der Alltag auch sein mag, das nächste Abenteuer ist in Glasgow niemals fern. Wer Abwechslung sucht oder Kraft tanken möchte, muss nicht unbedingt erst die lange Fahrt in die Highlands antreten. Natur und Erholung gibt es hier fast direkt vor der Haustür. Über 90 Parks und Gärten stehen Stadtbewohnern und Besuchern zur Verfügung, um abzuschalten und sich eine Auszeit zu gönnen. Doch wem die Wiesen in den zentral gelegeneren Parks an einem sonnigen Tag zu voll sind, für den gibt es auch Orte, wo es deutlich ruhiger zugeht. Ein solches Plätzchen ist der Dams to Darnley Country Park, der sich südwestlich von der Stadtgrenze Glasgows zwischen den Vororten Barrhead und Newton Mearns erstreckt.

Benannt nach den Barrhead Dams im Süden des Parks und dem historischen Stadtteil Darnley im Norden, ist Dams to Darnley ein abwechslungsreicher Park, der in landschaftlicher Hinsicht viel zu bieten hat. Ein besonders schöner Spaziergang durch den Park beginnt auf den Spuren von Maria Stuart – „Mary Queen of Scots" – in den Wäldern entlang des Brock Burn in Darnley. Hier lebte ihr zweiter Ehemann, Henry Stuart, Lord Darnley, und nahe des Parkeingangs befindet sich ein Baum, unter dem die beiden der Legende nach einmal saßen. Weiter geht es durch das Waulkmill Glen und vorbei an einem donnernden Wasserfall, bevor der Pfad zu den Reservoirs der Barrhead Dams ansteigt. Die Industrielle Revolution ging an der Region nicht spurlos vorbei: Kohlebergwerke, Kalksteinbrüche, Zementerzeugung – lange Zeit ging es hier alles andere als ruhig zu. Doch als die Stadt im 19. Jahrhundert beschloss, Reservoirs zu errichten, die die Stadtbewohner mit sauberem Trinkwasser versorgen sollten, machten sie damit auch den ersten Schritt in Richtung eines Erholungsgebiets. Heute sind die Wasserspeicher das Herzstück des Parks. An einem sonnigen Tag gibt es nichts Schöneres, als an ihrem tiefblauen Ufer zu liegen und über die großen Fragen des Lebens nachzusinnen.

TIPP

Wer nicht allein spazieren möchte, kann an einem der wöchentlichen Health Walks im Park teilnehmen.

- Dams to Darnley Country Park
  www.damstodarnley.org
- ÖPNV: Bahn von Central bis Haltestelle Priestley & Darnley

# It's teatime, darling!

## 10 Mackintosh at the Willow

Ob English Breakfast, Rooibos oder Earl Grey: Tee gehört in Schottland zum Alltag einfach dazu. Und das bereits seit Jahrhunderten. Während sich die Städter heutzutage vor allem in den Pubs versammeln, waren gegen Ende des 19. Jahrhunderts Teehäuser der letzte Schrei. Nicht zuletzt wegen der aufstrebenden Abstinenzbewegung, die Tee vom Luxusprodukt in ein Getränk der Massen verwandelte.

Eine herausragende Figur dieser Bewegung war Kate Cranston, die mit ihren Teehäusern eine elegante und feminine Alternative zu den von Männern dominierten Pubs der Stadt erschuf. Ihre Etablissements boten Tee, *finger sandwiches* und Service auf höchstem Niveau. Doch auch das Interieur konnte sich sehen lassen: Miss Cranston war eine großzügige Kunstmäzenin und engagierte Glasgower Künstler und Designer, um ihre Teehäuser den neuesten Trends gemäß auszustatten. Einer ihrer Protegés war Charles Rennie Mackintosh, ein junger Designer und Architekt, der an allen vier Teehäusern von Miss Cranston beteiligt war. Während er in den ersten drei Teil eines Teams war, hatte er im vierten Teehaus, den Willow Tearooms, die volle kreative Kontrolle. Er war beeinflusst vom Jugendstil der Wiener Sezession und der Schlichtheit der japanischen Meister. Für allerkleinste Details war er hier verantwortlich – von der bewusst asymmetrisch und minimalistisch gestalteten Hausfassade über die kunstvollen Wandmalereien und die einzigartigen Möbelstücke bis hin zu den Uniformen des Personals. Er entwarf sogar die Schrift für die Speisekarten.

TIPP

Die besten Tische befinden sich im luxuriösen Salon de Luxe im ersten Stock.

Trotz dem großen Erfolg von Miss Cranstons Teehäusern – in den 1980er-Jahren endete ihre Ära. Kürzlich restaurierte dann eine Stiftung die Willow Tearooms detailgetreu nach Originalplänen, und 2018 öffnete das Teehaus abermals seine Türen. Seitdem gehen die feinen Damen und Herren der Stadt hier wieder ein und aus und genießen ihren *afternoon tea* unter *Mackintosh*s charakteristischen Designs. *It's teatime, darling!*

- Mackintosh at the Willow, 215–217 Sauchiehall Street, Glasgow G2 3EX, Tel. +44 141 204 1903, www.mackintoshatthewillow.com
- ÖPNV: U-Bahn bis Haltestelle Cowcaddens

# Frauenpower

## 11 Die Mary-Barbour-Statue in Govan

Die meisten Statuen und Denkmäler sind den Großen der Geschichte gewidmet – die Dargestellten waren entweder wichtig oder reich oder beides. Den Helden und Heldinnen des Alltags wird diese Ehre selten zuteil. Ihre Namen geraten über die Jahre und Jahrhunderte hinweg in Vergessenheit. Doch hin und wieder gehen auch ganz normale Menschen in die Geschichte ein. Eine solche Figur ist Mary Barbour, deren wegweisender Beitrag zu den Glasgower Mietstreiks Schlagzeilen machte.

Dank der Industriellen Revolution wuchs die Stadtbevölkerung exponentiell und gegen Ende des 20. Jahrhunderts war Glasgow eine der größten Metropolen der Welt. Die Stadt platzte aus allen Nähten. Die Geburtenrate und Lebenserwartung stiegen, und immer mehr Immigranten suchten ihr Glück in den Fabriken und Werften der Stadt. Doch die Wohnverhältnisse konnten damit nicht mithalten, und eine Immobilienkrise war unabwendbar. Spekulanten ließen zu viele Gebäude leer stehen, und in Neubauten wurde nur selten investiert. Viele Familien mussten sich kleine Mietwohnungen teilen und lebten auf engstem Raum zusammen. Während ein Großteil der Männer der Stadt fernab in Europa an der Front des Ersten Weltkriegs kämpfte, waren es die Frauen, die sich für bessere Verhältnisse einsetzten. Mary Barbour, die mit ihrer Familie selbst in einer kleinen Wohnung in Govan lebte, spielte dabei eine tragende Rolle. Als eine der Gründerinnen der Glasgow Women's Housing Association leitete sie den monumentalen Mietstreik von 1915, an dem über 20.000 Mieter teilnahmen. „Mrs Barbour's Army" weigerte sich monatelang, die steigenden Mieten zu bezahlen, veranstaltete Demonstrationen und verhinderte Zwangsräumungen. Letztendlich gab die Stadt nach und führte einen Mietdeckel ein, der die Situation der Stadtbewohner schlagartig verbesserte.

2018 wurde in Govan eine Statue von Mary Barbour errichtet – ein Denkmal der Lokalgeschichte, das an das Glück von Zusammenhalt und Solidarität erinnert.

**TIPP**

Drei weitere weibliche Statuen sind Isabella Elder, Königin Victoria und Dolores Ibarruri gewidmet.

- Mary Barbour Statue, Govan Road, Glasgow G51 2YL
- ÖPNV: U-Bahn bis Haltestelle Govan

GOVAN

# Nicht ohne mein Fahrrad

## 12 Glasgow Bike Tours

Den Wind in den Haaren spüren. Die Freiheit der Straße genießen. Und nebenbei die Sehenswürdigkeiten der Stadt besuchen. So macht Reisen besonders glücklich. Glasgow mag keine Fahrradmetropole wie Amsterdam sein, doch immer mehr Radwege, breite Alleen und versteckte Gässchen verwandeln die Glasgower langsam, aber sicher in ein Rad fahrendes Volk. Und genau auf diese Weise erkundet man auch auf einer Sightseeing-Tour mit Glasgow Bike Tours die Stadt. Aktiver als eine Bustour und mit mehr Reichweite als ein Spaziergang geht es gemütlich auf zwei Rädern voran. Rad und Helm sind im Preis inbegriffen. Doch nicht nur begeisterte Radfahrer kommen bei der Tour auf ihre Kosten. Hier ist für alle etwas dabei, und die Route vermeidet (fast) alle Hügel der Stadt.

TIPP

Kombitouren enden mit Bier- oder Whisky-Tasting in der Drygate-Brauerei oder ums Eck bei Tennent's.

Startpunkt ist die kleine Drygate Brewing Company im East End. Von hier aus geht es vorbei am People's Palace in den historischen Stadtpark Glasgow Green, der seit dem 15. Jahrhundert ein öffentliches Erholungsgebiet ist. Entlang der geschäftigen Promenade des Clyde mit seiner Mischung aus imposanten viktorianischen Sandsteingebäuden, bemerkenswerten Brücken und Relikten der Schiffsbauindustrie führt die Tour am Rande des Stadtzentrums vorbei. Im schicken West End angekommen, radelt man munter weiter zum berühmten Kelvingrove Museum, der Universität von Glasgow und dem botanischen Garten, bevor es entlang der ruhigen Wasserwege des Glasgow-Kanals zurück ins East End geht. Fotostopps und Abzweiger zu verborgenen Schätzen und unerwarteten Sehenswürdigkeiten kommen dabei nicht zu kurz. Mit dem Fahrrad gelangt man halt an Orte, die sonst schwer zu erreichen sind. Endpunkt der Tour ist die mittelalterliche Glasgower Kathedrale unweit vom Ausgangspunkt. Zurück an der Brauerei endet manch eine Tour sogar mit einem prickelnden Pint Bier. Und den hat man sich nach ein paar Stunden auf dem Fahrrad auch verdient.

- Glasgow Bike Tours, 85 Drygate, Glasgow G4 0UT, Tel. +44 7786 683445 www.glasgowbiketours.co.uk
- ÖPNV: Bahn von Queen Street bis Haltestelle High Street

GLASGOW BIKE TOURS
GLASGOW BIKE TOURS
SCHWALBE

# Eine Prise Oregano

13

## Zu Tisch im Eusebi Deli

Gutes Essen fühlt sich an wie eine innige Umarmung. Das meint zumindest Giovanna Eusebi, Inhaberin von Eusebi Deli, einem italienischen Familienunternehmen, das seit den 70er-Jahren fester Bestandteil der Glasgower Szene ist. Ihre Eltern eröffneten damals einen kleinen Laden im East End der Stadt, in dem sie mediterrane Gemüsesorten und andere Spezialitäten verkauften und gleichzeitig den italienischen Zugezogenen ein Zuhause gaben. *Born in Italy – made in Glasgow.* Als Giovanna das Unternehmen übernahm, wurde aus dem kleinen Deli ein beliebtes Restaurant im lebendigen Universitätsviertel. Die Speisekarte ist inspiriert von der regionalen Vielfalt der italienischen Küche, von typisch römischer Pizza bis hin zu sizilianischen Auberginen. Pasta, Ricotta und Pizzateig werden hier täglich frisch und von Hand gemacht. Ob gefüllte Zucchiniblüten, schmackhafte Tomaten oder geröstete Maronen, solche und andere Spezialitäten erinnern Giovanna an die Zeit, die sie bei ihren Großeltern in Italien verbrachte. Viel hatte die Familie damals nicht, doch an leckerem Essen mangelte es nie. Anstelle weltlicher Besitztümer wurden Rezepte und Sauerteigstarter von Generation zu Generation weitergegeben. Kochen ist daher für Giovanna viel mehr als nur ein Mittel zum Zweck. Essen schlägt eine Brücke zwischen heute und damals, von ihren Vorfahren zu ihren Gästen. Und gleichzeitig steht Eusebi für schottische Regionalität, Saisonalität und Nachhaltigkeit. Fleisch, Milch und Gemüse werden von nahe gelegenen Bauernhöfen bezogen, nur die besten Tomaten und Kräuter kommen auf den Tisch. Giovanna und ihr Team definieren neu, was italienische Küche wirklich ausmacht. Und das mit großem Erfolg! Das Eusebi ist der ideale Ort, um bleibende Erinnerungen zu schaffen. Ob mit Freunden und Familie, der Tisch voller Pasta, Pizza, Geschnatter und Freude; oder allein mit einem Espresso und süßen Pasticcini. Kurz die Augen schließen und schon ist man da – im Urlaub in Italien.

TIPP

An der Theke gibt es frische Antipasti, Pizza und Pasta auch zum Mitnehmen.

- Eusebi Deli, 152 Park Road, Glasgow G4 9HB, Tel. +44 141 648 9999 www.eusebideli.com
- ÖPNV: U-Bahn bis Haltestelle Kelvinbridge, First Bus 4, 4A bis Haltestelle Park Road

# Zurück zu den Wurzeln

## 14 Das Musikfestival Celtic Connections

Ansteckende Rhythmen, mitreißende Tanzschritte, ein Schluck Whisky, und los geht's – bei einem schottischen Ceilidh bleibt kein Stein auf dem anderen. Alle tanzen mit, und dabei ist egal, ob es sich dabei um ihr erstes Mal handelt oder sie bereits alte Ceilidh-Hasen sind. Zur traditionellen schottischen Musik gehören nicht nur Dudelsäcke und Militärkapellen, sondern auch Fiedeln, Tin Whistles und die irisch-keltische Bodhrán-Trommel. Und genau solche Klänge sind auch auf dem traditionellen Musikfestival Celtic Connections zu hören. Seit 1994 findet das Festival jeden Januar statt und bietet Konzerte, Ceilidhs, Vorträge und vieles mehr. Hunderte Musiker und Bands als aller Welt reisen dafür an. Neben keltischer und schottischer Folkmusik werden auch internationaler Folk, Americana, Fusion und Weltmusik dargeboten – die Parallelen zwischen diesen Musikrichtungen sind erstaunlich und inspirieren oftmals spontane, ungewöhnliche Kollaborationen. Wo sonst fänden afghanische Rhythmen und schottische Klänge einen Ort zum direkten Austausch?

Die Glasgow Royal Concert Hall ist der zentrale Veranstaltungsort des Festivals, doch inzwischen machen auch an die 30 anderen Bars und Konzerthallen mit und tragen damit zur stimmungsvollen Atmosphäre des Festivals bei. Hier findet jeder ein passendes Konzert, ob man nun Lust auf eine Großveranstaltung hat oder lieber intim im Kellerlokal mitschunkeln möchte.

Ein weiteres wichtiges Element des Festivals ist ein ausführliches Bildungsprogramm mit Workshops, Schulvorführungen und Kursen. Denn es geht dem Festival nicht nur darum, für Unterhaltung zu sorgen. Auch eine neue Generation soll sich für die traditionelle Musik Schottlands und der Welt begeistern, damit die betörenden Klänge und Tanzschritte der Vergangenheit für die Zukunft bewahrt werden. Und so ist Celtic Connections auch eine wichtige Plattform für den Nachwuchs und dient zugleich talentierten Newcomern als Sprungbrett in die Folk-Szene.

**TIPP**

Jeden Januar in ganz Glasgow. Der Festivalpass beinhaltet Zutritt zu allen Live-Veranstaltungen des Festivals.

www.celticconnections.com

# Venedig des Nordens

## 15 Der Glasgow Canal

Kanäle verleihen jeder Stadt einen unwiderstehlichen Zauber. Warum sonst sind Städte wie Venedig oder Amsterdam solch beliebte Reiseziele? Annecy, Gent, Wien – es gibt nichts Schöneres, als an ihren Kanälen entlangzuschlendern. Glasgow hat immerhin einen Kanal, auch wenn dieser eher ein Geheimtipp ist. Er liegt nördlich des Zentrums im Stadtteil Port Dundas. Von hier aus fließt er auf direktem Weg zum Forth and Clyde Canal, der über 56 Kilometer hinweg vom kleinen Ort Bowling am Fluss Clyde bis nach Falkirk verläuft und schließlich in den Firth of Forth fließt. Der im 18. Jahrhundert gebaute Kanal war eine bedeutende Verkehrsader, die die Westküste mit der Ostküste verband und die Durchquerung des Landes auf Wasserwegen ermöglichte. Zwar verkehrten hier auch Dampfschiffe, doch überwiegend waren Frachtkähne unterwegs, die von schweren Arbeitspferden gezogen wurden. Die Kelpie-Skulpturen in Falkirk setzen dieser industriellen Geschichte ein angemessenes Denkmal. Das Hafenbecken in Port Dundas wurde durch diese direkte Verbindung zum Kanal zu einem führenden Handelsplatz. Rundherum stampften die Industriellen der Stadt Textilfabriken, Getreidespeicher, Destillerien, Eisengießereien und andere Betriebe aus dem Boden.

**TIPP**

Einen herzhaften Brunch mit Cocktails und Blick auf den Kanal gibt es im Café Ocho an der Speirs Wharf.

Obwohl der Kanal an sich nach und nach an Bedeutung verlor, wird heute wieder in Port Dundas investiert. Die Industriegebäude wurden in stylische Wohnungen, coole Co-Working Spaces und trendige Kunstgalerien umgewandelt. Im großen Hafenbecken befindet sich ein vielseitiges Wassersportzentrum. Ob Schwimmen, Paddeln oder Wakeboarden: Hier fühlen sich Wasserratten wie zuhause. Am Kanal dümpeln eine Handvoll bunte Hausboote, und ein kurzer Spaziergang am Wasser entlang führt zu Glasgows einzigem innerstädtischen Naturreservat. Besonders bunt geht es beim jährlichen Kanalfestival zu, wenn sich die Glasgower zu Drachenbootrennen und Wassersport-Schnupperstunden versammeln und rund um leckere Essensstände scharen. Ein Kanal voller Leben.

- Glasgow Canal, Port Dundas
  www.scottishcanals.co.uk/destinations/glasgows-canal
- ÖPNV: First Bus 128 bis Haltestelle Speirs Wharf;
  U-Bahn bis Haltestelle Cowcaddens

# Von wegen verstaubt!

16

## Familiengeschichte in der Mitchell Library

Verstaubt oder unersetzbar? Bibliotheken und Archive haben ein Imageproblem. Viele Menschen halten sie im digitalen Zeitalter für irrelevant. Doch wo wären wir ohne sie? Wo wären unsere Geschichten? Die wahren, die fiktionalen und alles zwischendrin. In den dicken Schmökern, unzähligen Karteikarten und ellenlangen Mikrofilmspulen verbergen sich die Ereignisse unserer Vergangenheit. Schon Gottfried Wilhelm Leibniz wusste, dass Bibliotheken die Schatzkammern des menschlichen Geistes sind. Hier liegen die Antworten zu all unseren Fragen. Und kaum eine Frage ist dabei so wichtig wie: „Woher komme ich?“
Diesem Rätsel der Herkunft verschreibt sich das Family History Centre der Mitchell Library. Menschen aus aller Welt versuchen hier, Spuren ihrer Vergangenheit zu entdecken, Geheimnisse zu lüften und Lücken in ihrer Familiengeschichte zu füllen. Dabei hilft ihnen eine schier endlose Sammlung an Dokumenten und Daten. Die Regale biegen sich unter dem Gewicht von dicken Wählerverzeichnissen, die die Namen aller Wahlberechtigten der letzten Jahrhunderte beinhalten. Im Archiv befinden sich auch historische Geburts- und Sterbeurkunden, rare Bücher, vergilbte Karten, medizinische Aufzeichnungen, Adoptionspapiere und Stadtarchive, die bis ins 11. Jahrhundert zurückgehen. Besucher haben auf all das Zugriff. Egal ob man ganz am Anfang seiner Ahnenforschung steht oder bereits einen lückenhaften Stammbaum erstellt hat, im Familiengeschichtszentrum kann man mit der Hilfe der Bibliothekare nach Antworten suchen. Fotos sind dabei besonders wichtig – vom einzigen Foto eines Großonkels, der im Ersten Weltkrieg gefallen ist, bis zu Hochzeitsfotos der Großmutter, die als längst verschollen galten. Hier werden Generationen wiedervereinigt, und Emotionen schlagen hoch. Auch wenn sie staubig wirken: Die Dokumente enthalten oftmals Details, die Besuchern erlauben, mit ihrer Vergangenheit abzuschließen. Nicht jedes Resultat ist positiv, doch endlich Antworten zu haben, erleichtert – und auch das ist Glück.

TIPP

Familienforschung in der Mitchell Library ist nur nach Voranmeldung möglich.

- Mitchell Library, North Street, Glasgow G3 7DN, Tel. +44 141 287 2988
www.glasgowfamilyhistory.org.uk
- ÖPNV: First Bus 3 bis Haltestelle Granville Street

REGISTER OF VOTERS 1924
GLASGOW SPRING WARDS 1-13
1924 WARDS 14-25
REGISTER OF VOTERS 1924
GLASGOW SPRING WARDS 14-25
1924 WARDS 26-37
REGISTER OF VOTERS 1924
GLASGOW SPRING WARDS 26-37
1925 WARDS 1-13
REGISTER OF VOTERS 1925
GLASGOW SPRING WARDS 1-13
1925 WARDS 14-25
REGISTER OF VOTERS 1925
GLASGOW SPRING WARDS 14-25
1925 WARDS 26-37
REGISTER OF VOTERS 1925
GLASGOW SPRING WARDS 26-37
1926 WARDS 26-37
REGISTER OF VOTERS 1926
REGISTER OF VOTERS 1926
GLASGOW SPRING WARDS 1-13
1926 WARDS 1-13
REGISTER OF VOTERS 1926
1926 WARDS 14-25
1927 WARDS 1-13
1929 WARDS 26-37
1930 WARDS 1-13
1930 WARDS 14-25
1930 WARDS 26-37
REGISTER OF VOTERS 1931-32
GLASGOW WARDS 1-13
1931 WARDS 1-13
1931 WARDS 14-25
REGISTER OF VOTERS 1931-32
GLASGOW WARDS 26-37
1931 WARDS 26-37

# Zu Fuß in die Highlands

## 17 Der Kelvin Walkway

Das Glück liegt oft da, wo sich Fuchs und Hase Gute Nacht sagen. So idyllisch kann auch Glasgow sein. Die Metropole liegt am Fuße der Campsie Fells, einer Hügelkette, die den Übergang von den Lowlands zu den Highlands bildet. Hoch in der Heide der Campsies entspringt, umgeben von gelben Ginstersträuchern und lichten Wäldchen, der Fluss Kelvin. Von hier aus fließt er ungestört gen Süden, schlängelt sich durch die nördlichen Vororte der Stadt, bahnt sich seinen Weg vorbei am Botanischen Garten und der Universität, bis er im Glasgower West End letztendlich in den Clyde mündet.
Der Kelvin Walkway folgt dem Großteil dieses Flussverlaufs, etwa 17 Kilometer vom Clyde bis nach Milngavie. Ein Ausflug entlang dieser Route ist ein ideales Alltagsabenteuer, um frische Kraft zu sammeln. Los geht es am Riverside Museum, dem von Zaha Hadid entworfenen Verkehrsmuseum der Stadt. Von hier windet sich der Fluss durch den nach ihm benannten Kelvingrove Park und vorbei am Kelvingrove Museum. An der Kelvinbridge lohnt es sich, für eine Pause im Pub Inn Deep einzukehren. Weiter flussaufwärts quert der Weg den Fluss mithilfe mehrerer kleiner Brücken. Die grünen Flussufer strotzen nur so vor Leben. Graureiher waten durchs seichte Wasser und schlagen blitzartig zu, wenn sie einen Fisch entdecken. In den Bäumen sitzen Singvögel und trällern vor sich hin – Amseln, Buchfinken und Blaumeisen. Je länger man dem Fluss folgt, desto ländlicher wird die Landschaft. Links und rechts des Flusses erstrecken sich Felder, eingerahmt von grünen Hecken. Nahe Milngavie trifft der Kelvin auf einen prominenten Zufluss, das Allander Water. Der Kelvin Walkway folgt diesem bis ins Zentrum des Vororts und endet am Bahnhof. Von hier geht es entweder mit dem Zug zurück nach Glasgow oder munter weiter auf dem West Highland Way, der 154 Kilometer bis nach Fort William führt, ins Herz der schottischen Highlands. Die Wanderlust kennt in Glasgow keine Grenzen.

TIPP

In Maryhill lohnt sich ein Umweg zu den Maryhill Locks, die den Forth & Clyde Canal schiffbar machen.

- Kelvin Walkway, vom Riverside Museum nach Milngavie
- ÖPNV: Bahn von Central bis Haltestelle Partick, Bahn von Queen Street bis Haltestelle Milngavie

# Mehr als ein Restaurant

18

## Cafe Gandolfi

Gutes Essen ist wichtig, aber nicht alles. Ohne die Menschen, die täglich ein und aus gehen, an den Tischen Platz nehmen, Speisen zubereiten, Getränke servieren und Wünsche erfüllen, wäre ein Restaurant eben nur das – ein Ort, an dem gegessen wird. Doch wenn die Gäste und Mitarbeiter nicht nur nebeneinander, sondern miteinander an diesem Ort versammelt sind, wird aus einem Restaurant ein Zufluchtsort, der Heimat bietet. Die Menschen werden zur Familie. In großen Städten sind solche Lokale nicht immer einfach zu finden. Restaurants kommen und gehen. Doch manche Etablissements widerstehen dem Lauf der Zeit und werden über Jahrzehnte hinweg zu wahren Institutionen der Stadt. Ein solches Restaurant ist das Cafe Gandolfi, das seit 1978 eine kulinarische Konstante im Stadtzentrum darstellt.

Der heutige Besitzer Seamus MacInnes begann seine Karriere hier als Tellerwäscher. Ansonsten hat sich seit damals wenig geändert. Gandolfi ist ein Synonym für gute schottische Küche, warmherzige Gastfreundschaft und authentischen Glasgower Charme. Auf der Speisekarte finden sich saisonale Spezialitäten sowie typische Klassiker mit modernem Twist. Eine besondere Delikatesse ist der dekonstruierte Cullen Skink – üblicherweise eine reichhaltige Fischsuppe mit Sahne, doch hier eine leichtere Variante, die aus traditionellem Räucherfisch aus Arbroath, Kartoffelterrine und leckerem Schnittlauchöl besteht.

TIPP

Wem's besonders gut schmeckt, der kann das Gandolfi-Kochbuch mit Originalrezepten mit nach Hause nehmen.

Doch nicht nur die Leute und das Essen tragen zur Gandolfis legendärem Ruf bei, auch das Interieur kann sich sehen lassen. Von der dunklen Eichentäfelung an den Wänden bis zu den hölzernen Möbelstücken, die vom berühmten britischen Designer Tim Stead entworfen wurden: Hier ist alles im Originalzustand.

Sein 40. Jubiläum feierte das Restaurant mit einer Fotoausstellung mit Porträts von Mitarbeitern, Stammgästen und Unterstützern. Viele von ihnen begleiten MacInnes seit Jahren. Wer einmal Teil der Gandolfi-Familie ist, bleibt ihr für immer verbunden.

● Cafe Gandolfi, 64 Albion Street, Glasgow G1 1NY, Tel. +44 141 552 6813
www.cafegandolfi.com
● ÖPNV: First Bus 2, 18, 60, 61 bis Haltestelle Candleriggs

# Riviera-Feeling

19

## Die Riverside

Eine sanfte Brise im Haar, das heitere Gezeter von Seemöwen im Ohr und der Geruch von Salz in der Luft: Wenige Orte strahlen so viel Sofortglück aus wie das Meer. Doch, Moment mal – Glasgow liegt doch gar nicht am Meer! Die Küste ist zwar gute 35 Kilometer entfernt, doch am blauen Clyde gerät dies schnell in Vergessenheit. Der Fluss wurde während der Industriellen Revolution breiter und tiefer gebaggert, was dazu führte, dass das Süßwasser des Flusses sich mit dem Meereswasser der Westküste vermischte. Seither ist der Clyde den Gezeiten unterworfen, und an sonnigen Tagen riecht es fast so, als wäre man am Meer. Besonders schön ist dann ein Ausflug an Glasgows Antwort auf die französische Riviera – die Riverside. Einen Strand gibt es hier zwar nicht, und künstliche Strandbars wären für den kurzen Glasgower Sommer einfach zu optimistisch, doch magische Orte zum Verweilen finden sich hier trotzdem in Hülle und Fülle.

Da wäre zum einen das von Zaha Hadid entworfene Riverside Museum, das die Entwicklung der Transportgeschichte dokumentiert. Von historischen Eisenbahnen, die einst Afrika durchquerten, bis zu ruckeligen Straßenbahnen, die bis 1962 kreuz und quer durch Glasgow fuhren. Sogar eine Replik einer alten U-Bahn-Station befindet sich in diesem Gebäude, dessen charakteristische silberne Fassade an hohe Wellen erinnern soll. Daneben ankert die Glenlee, ein traditionelles Segelschiff mit drei hohen Masten, das fast 100 Jahre lang die Weltmeere durchkreuzte. Das Schiff wurde sorgfältig restauriert und 1999 als Museum eröffnet. Die Glenlee ist damit das einzige Segelschiff, das am River Clyde gebaut wurde und nach wie vor „auf See" ist. Und dann wären da noch die zahlreichen Bänke und Wiesen, die am Flussufer zum Träumen einladen. Einfach die Augen schließen, den Wind im Haar spüren, den Möwen zuhören und das Salzwasser riechen – und schon wird aus der Riverside die „Glasgower Riviera".

**TIPP**

Im Sommer quert eine kleine Fähre den Fluss und verbindet die Riverside mit den Attraktionen in Govan.

- Riverside Museum, 100 Pointhouse Road, Glasgow G3 8RS, Tel. +44 141 287 2720 www.glasgowlife.org.uk
- ÖPNV: Bahn von Central oder U-Bahn bis Haltestelle Partick

# Stadt der Musik

20

## Die Glasgow Music City Tours

Auf welcher Glasgower Bühne trat einst Frank Sinatra auf? Warum verbot die Stadt in den Siebzigern die Punkmusik? Und wo kann man neue Bands entdecken, bevor sie international bekannt werden? Diesen und vielen anderen Fragen gehen Fiona Shepherd und ihr Team von Glasgow Music City Tours auf den Grund.

Wer Musik mag, stößt früher oder später auch auf Glasgow. Zahlreiche Bands wie Belle & Sebastian oder Franz Ferdinand taten hier ihre ersten Schritte. Am Konservatorium studierten Virtuosen wie Jack Bruce und Susan Boyle. Internationale Größen wie Oasis und Biffi Clyro wurden einst in den kleinen Clubs der Stadt entdeckt. Glasgow hat nicht nur eine berühmte Band oder Musikrichtung hervorgebracht, sondern ist eine Wiege der Musik aller Art. 2008 erkannte das auch die UNESCO und verlieh der Stadt den offiziellen Status „City of Music".

Um die legendäre Musikgeschichte der Stadt gebührend zu feiern, rief die Musikjournalistin Fiona Shepherd die Glasgow Music City Tours ins Leben. Jeden Samstag von Ostern bis Oktober geht es auf zwei unterschiedlichen Routen durchs Stadtzentrum. Vorbei an Musikclubs der Gegenwart und der Vergangenheit. Die Guides erzählen faszinierende Geschichten von ohnmächtigen Fans auf Beatles-Konzerten, sagenumwobenen Auftritten von Legenden wie Prince und David Bowie und längst abgerissenen Konzerthallen, deren Vermächtnis in den Erinnerungen der Musikfans weiterlebt. Sie schildern, welche Bands sie selbst hier vor deren internationalem Durchbruch live gesehen haben und welche Clubs und Bars aus der heutigen Musikszene nicht mehr wegzudenken sind. Besucher bekommen damit einen direkten Einblick in das musikalische Herz der Stadt und dürfen hier und da auch einmal hinter die Kulissen blicken. Highlights der Touren sind Abstecher in die historische Britannia Panopticon Music Hall und ein Besuch des legendären Musikclubs King Tut's. Tipps für die Abendunterhaltung sind selbstverständlich inklusive – *long may we rock on!*

TIPP

Private Touren, zum Beispiel auf den Spuren der Band Belle & Sebastian, sind ganzjährig verfügbar.

- Glasgow Music City Tours
www.glasgowmusiccitytours.com
- Startpunkte: The Clutha Bar oder Glasgow Royal Concert Hall

Twin Atlantic
ATHENRYE 27·11·1998
IDLEWILD
DEF LEPPARD
Vengaboys
Snoop Dogg

# Weiße Rosen

21

## Der Scottish Poetry Rose Garden

Wo wäre Schottland ohne Rosen? Die Jakobiten sahen in der weißen Rose ein Symbol für ihren noblen Kampf und steckten sich die zarten Blüten an den Hut, um einander Treue zu signalisieren. Der Legende nach pflückte selbst Bonnie Prince Charlie eine solche Rose, als er seine Unterstützer in Glenfinnan versammelte, um sie in den Krieg zu führen. Der schottische Nationalheld Robert Burns verglich einst seine Liebe mit einer roten Rose, und der Dichter Hugh MacDiarmid machte mit seinem Gedicht „The Little White Rose“ die weiße Dünenrose zu einem Nationalsymbol Schottlands: „Die Rose der Welt ist nichts für mich. Ich für meinen Teil will nur die kleine weiße Rose aus Schottland, die stark und süß riecht – und das Herz zerbricht.“

Rosen sind aus der schottischen Poesie nicht wegzudenken. Der Rosengarten im Glasgower Queen's Park setzt dieser engen Verbundenheit ein Denkmal. Gut versteckt in einer ruhigen Ecke des Parks, ist er eine wahre Ruheoase, die zum Verweilen einlädt. In der Mitte der Rosenstöcke befindet sich ein Felsen, in den MacDiarmids Worte geritzt wurden. Kleine Pfade führen zwischen den Beeten entlang. An ihren Kreuzungen befinden sich Steintafeln, die 14 schottischen Dichterinnen und Dichtern gewidmet sind. Die Auswahl ist historisch-eklektisch und spiegelt nicht zuletzt die sprachliche Vielfalt der hiesigen Poesie wider – die genannten Autoren schrieben auf Englisch, Scots oder Gälisch. Der Garten wurde 2003 von Prinzessin Anne eröffnet, der Schwester von Prinz Charles. Die Rosen sind so vielfältig wie die schottische Poesie, die sie umgibt. Neben MacDiarmids lieblichen weißen Rosen sorgen zahlreiche Varianten für einen wunderbaren Farb-Zauber – Blüten von büschelig bis zart und in Weiß, Rosa, Pink und Rot. Fleißige Bienen summen im Chor, und bunte Schmetterlinge flattern von Rose zu Rose. Der Duft ist betörend. Auch wenn die Rose nicht Schottlands Nationalblume ist: Hier im Garten fangen die Blumen die Seele des Landes ein.

TIPP

Der Gedichtband „A Year in Scottish Poems“ eignet sich ideal zum entspannten Schmökern im Rosengarten.

- Scottish Poetry Rose Garden, Queen's Park, 1 Langside Avenue, Glasgow G41 2QR
- ÖPNV: Bahn von Central bis Haltestelle Queen's Park

# Rock im Glück

## 22 Die Kiltmacher MacGregor & MacDuff

Kaum ein Kleidungsstück ist so unverkennbar schottisch wie ein Kilt im Karomuster. Die Geschichte des modernen Schottenrocks geht zurück ins 18. Jahrhundert. Dabei war sie damals fast so schnell wieder vorbei, wie sie begann. Nach dem Jakobitenaufstand von 1745 wurde den Bewohnern des schottischen Hochlands das Tragen ihrer traditionellen Kleidung nämlich verboten. Doch dank der romantischen Faszination des 19. Jahrhunderts mit den sagenumwobenen Highlands erlebte der Kilt ein Comeback, und heute ist er aus der schottischen Kultur nicht mehr wegzudenken.

Wer einen Schottenrock kaufen möchte, hat die Qual der Wahl. Tausende bunte Muster sind im Scottish Register of Tartans registriert. Während man früher automatisch zum Tartan des eigenen Clans griff, gibt es heute auch zahlreiche Muster, die nicht mit der Clanstruktur assoziiert sind. Und ständig kommen neue und moderne Designs hinzu. Zum Glück gibt es Experten, die bei der Auswahl helfen können. Ein solcher Ort ist MacGregor & MacDuff, ein traditionelles Kiltgeschäft, in dem sowohl maßgeschneiderte Schottenröcke in Auftrag gegeben als auch Kilts für besondere Anlässe gemietet werden können. Qualität hat dabei höchste Priorität, denn ein gut geschneiderter Kilt kann von Generation zu Generation weitergegeben und immer wieder abgeändert werden. Der Vorgang ist dabei stets derselbe: Ein traditioneller Schottenrock besteht aus 8 Yard fein gewobener Kammwolle, und je nach Umfang der Taille wird der Stoff in breite oder enge Falten gelegt. Wichtig ist dabei, dass ein richtiger Kilt seine Falten nur hinten hat! Bei MacGregor & MacDuff wird dabei alles von Hand gemacht. Dies erfordert solch Genauigkeit und Geschick, dass es im Durchschnitt fünf Jahre dauert, das Handwerk des Kiltschneiders zu erlernen.

Und das Glück? Das ist dem Schottenrock sozusagen eingewebt: Kilts werden heute vor allem zu besonders erfreulichen Anlässen wie Hochzeiten, Abschlussfeiern, Jubiläen erworben und getragen. Ein Kleidungsstück zum Glücklichsein!

TIPP

Bei MacGregor & MacDuff können Kunden mithilfe des Teams ihren eigenen Tartan entwerfen.

- MacGregor & MacDuff, 39–41 Bath Street, Glasgow G2 1HW, Tel. +44 141 2803 398
  www.macgregorandmacduff.co.uk
- ÖPNV: First Bus 3, 6, 7 bis Haltestelle Sauchiehall Lane

KINGS OF KILTS
KILTMAKERS

# Hawaii ruft!

## 23 Glasgow Paddleboarders Co.

Stand-Up-Paddling ist ein Trend, der um die Welt geht. Hollywoodstars wie Jennifer Aniston und Matthew McConaughey brachten den Sport einst in die Boulevardpresse, und heute ist das Stehpaddeln eine der am schnellsten wachsenden Sportarten überhaupt. Das eigene Stand-Up-Board zu besitzen, ist ein Traum, den sich immer mehr Menschen erfüllen. Die Nachfrage steigt stetig, und in Großbritannien kommen die Händler kaum mehr hinterher. Dieser Trend hat auch Schottland fest im Griff. Wasser dominiert die Landschaft. Flüsse, Seen, Küsten und Fjorde, und beim „SUP" kann man die Perspektive wechseln und die Natur mit frischem Blick betrachten.
Entspannt aufs Board klettern und ruhig übers Wasser gleiten. In der Mitte eines schottischen Lochs Weite erfahren. Das spiegelglatte Wasser reflektiert die Bäume am Ufer. Das einzige Geräusch ist das sanfte Plätschern des Paddels, wenn es ins Wasser eintaucht. Es ist ein magischer Moment, der die Seele beflügelt.
Genau dieses Gefühl möchten Ally Findlay von der Glasgow Paddleboarders Co. und sein Team den Stehpaddel-Novizen näherbringen. Was mit Allys Leidenschaft für den Sport begann, wuchs schnell zu einer blühenden Online-Gemeinschaft für begeisterte Paddler heran. Inzwischen leitet Ally eine akkreditierte SUP-Schule mit Board-Verleih, Schnupperstunden, Exkursionen und Paddel-Urlauben in den Highlands. Von den ruhigen Gewässern der Auchinstarry Marina oder Applecross Wharf bis hin zu Abenteuern auf dem River Clyde oder dem Loch Lomond: In und um Glasgow stehen mehrere Standorte zur Auswahl, wo Anfänger und Fortgeschrittene gleichermaßen lernen können, möglichst effizient und vor allem sicher zu paddeln. Alte Hasen treffen sich regelmäßig zu SUP socials und erkunden gemeinsam Kanäle und Seen in der Stadt. Ob entspanntes Paddeln, motiviertes Streckemachen oder ein bisschen Sightseeing – auf den Wasserwegen Glasgows ist für alle etwas dabei. Also, die Augen fest auf den Horizont gerichtet, langsam aufstehen, das Paddel bereit, und los geht's!

- Glasgow Paddleboarders Co., Auchinstarry Marina, Kilsyth, Glasgow G65 9SG
www.glasgowpaddleboardersco.co.uk
- ÖPNV: Bahn von Queen Street bis Haltestelle Croy, weiter mit Bus 35/43 bis Auchinstarry Farm

# Mit Schwung und Seele

## 24 Trad Sessions in der Ben Nevis Bar

Glasgow ist eine Stadt der Musik. Von moderner Rockmusik bis zu anspruchsvollem Jazz, die Bühnen der Stadt, ob groß oder klein, haben einiges zu bieten. Doch was die schottische Musikszene besonders einzigartig macht, ist die traditionelle Musik der Highlands und der Inseln. Mit Einflüssen der keltischen Rhythmen Irlands, doch trotzdem einem eindeutig selbstständigen Klang ist schottische Trad-Musik ein berauschendes Erlebnis für alle Sinne. In Glasgow gibt es viele Pubs, in denen traditionelle Livemusik auf dem Programm steht. Doch an kaum einem Ort liegt die Latte so hoch wie in der Ben Nevis Bar in Finnieston.
Ex-Studierende des Glasgower Musikkonservatoriums – immerhin die drittbeste Hochschule für darstellende Kunst der Welt – riefen die Trad Sessions ins Leben und versammeln sich seitdem jeden Mittwoch, Donnerstag und Sonntag, um gemeinsam zu spielen. Ob an Gitarre, Fiedel, Klavier, Bassgitarre, Harfe, Tuba oder Dudelsack – die Musiker sind wahre Virtuosen. Das Veranstalter-Duo Luke und Ross lädt regelmäßig Gastmusikanten ein, um frische Töne an den Tisch zu bringen. Manchmal handelt es sich dabei auch um internationale Größen der Trad-Szene, die in Glasgow ein Album aufnehmen oder für ein Konzert anreisen. Für die Musiker stellt der Pub eine kreative Wiege dar. Einen Ort, an dem sie sich musikalisch entfalten können. Doch für jene, die von den Inseln herrühren, ist es mehr als das – für sie sind die Trad Sessions ein Zufluchtsort, eine Möglichkeit, die musikalischen Traditionen der abgelegenen Inseln in die hektische Großstadt zu bringen. Die Besucher sind dabei mittendrin. Das Pub ist klein, der Platz knapp, und die wenigen Tische sind schnell besetzt – Reservierungen sind nicht möglich. Wer es trotzdem hineinschafft, wird dafür mit schottischer Trad-Musik auf höchstem Niveau belohnt. Bei deren halsbrecherischen Tempo hilft oft nur eins: noch ein Dram Whisky!

TIPP

Traditionelle Livemusik gibt es unter anderem auch in der Lismore Bar, dem Islay Inn und bei Babbity Bowster.

● The Ben Nevis Bar, 147 Argyle Street, Glasgow G3 8TB, Tel. +44 141 576 5204
www.thebennevisbar.com
● ÖPNV: First Bus 2 bis Haltestelle Argyle Street/Berkeley Street

# Ein Leuchtturm ohne Meer

25

## Das Centre for Design & Architecture

Was wäre die Welt ohne Leuchttürme? Verlässlich bewahren sie Seefahrer vor Unheil, weisen ihnen den rechten Weg und bringen sie zurück an Land. Sie tun dies auch im übertragenen Sinne, fernab vom Meer, so fest ist das Bild des Leuchtturms in unserer Kultur verankert. Menschen, Organisationen und Institutionen können „Leuchttürme" sein. Sie sind Vorreiter und Vorbilder, geben Hoffnung und Rückhalt, Inspiration und Mut. Auch Glasgow hat solch einen sprichwörtlichen Leuchtturm: das schottische Zentrum für Design und Architektur, das man passenderweise auch „Lighthouse" nennt. Der Jugendstilbau wurde 1895 von Charles Rennie Mackintosh designt, dem berühmten Glasgower Architekten und Designer, der auch für das Hauptgebäude der Glasgow School of Art, die Queen's Cross Church in Maryhill und die Willow Tearooms verantwortlich zeichnete. Das Lighthouse war sein erstes großes Projekt. Ursprünglich befanden sich hier die Büros und Lagerräume der Tageszeitung „Glasgow Herald", und da die Lagerung von Zeitungspapier ein großes Brandrisiko darstellte, musste sich Mackintosh eine kreative Lösung einfallen lassen. Er setzte auf das Gebäude kurzerhand einen Turm, in dem sich ein großer Wasserspeicher befand.

Wie ein Leuchtturm thront der Mackintosh Tower des Lighthouse über der Stadt und weist Kreativen und Architekturliebhabern den Weg. Der Bau wurde in den 90er-Jahren generalsaniert und um ein lichtdurchflutetes Atrium und mehrere Galerien erweitert. Im dritten Stock befindet sich eine Mackintosh-Dauerausstellung, und von dort geht es auf einer Wendeltreppe mit 134 Stufen hinauf in schwindelerregende Höhen. Von der Aussichtsplattform genießen Besucher einen herrlichen Blick auf Stadt und die umliegenden Hügel. Doch oben angekommen, sollte man zunächst noch einmal zurückschauen, über die Balustrade der Wendeltreppe nach unten ins Zentrum der Spirale. Der Anblick ist geradezu hypnotisierend schön – ein wahrer Glücksort.

TIPP

Jeden Samstag um 13 Uhr findet eine Führung durch das Gebäude statt. Eine Anmeldung ist nicht erforderlich.

- The Lighthouse, 11 Mitchell Lane, Glasgow G1 3NU, Tel. +44 141 276 5365 www.thelighthouse.co.uk
- ÖPNV: Bahn bis Haltestelle Glasgow Central Station, U-Bahn bis Haltestelle St. Enoch

# Grün vor Glück

## 26 In den Hidden Gardens

Schmetterlinge haben es besonders gut. Sind sie erst einmal aus ihrem Kokon ausgebrochen und haben ihre Flügel voll entfaltet, beginnt ihre Genussreise durch die Welt. Tagein, tagaus fliegen sie von einer farbenfrohen Blüte zur nächsten. Sie saugen süßen Nektar und erfreuen sich zweifelsohne auch am wohlriechenden Duft der Blumen. Wenn wir bloß auch die Welt so sorgenfrei und genießerisch erfahren könnten! Der Leichtigkeit der Schmetterlinge am nächsten kommt in Glasgow ein Besuch in den Hidden Gardens, einem harmonischen Garten in Pollokshields.

Die Lage des Gartens macht seinem Namen alle Ehre. Gut versteckt hinter einem ehemaligen Betriebsbahnhof der Straßenbahn, der heute als Theater und Ausstellungsraum genutzt wird, liegt eine grüne Oase der Ruhe mitten in der Stadt. Bienen summen, Schmetterlinge flattern, und zahlreiche andere Insekten fliegen von einem Blumenbeet zum nächsten. Auf der großen Wiese im Zentrum des Gartens breiten Besucher ihre Picknickdecken aus. Die Bäume am Rand spenden Schatten, während die Blumen den süßen Duft des Sommers verbreiten. Kleine Pfade führen zu versteckten Bänken, die zum Verweilen einladen. Im Herzen der Anlage steht eine „Holzbibliothek", die vom Künstler Alec Finlay entworfen wurde. Die umfangreiche Pflanzensammlung des Gartens umfasst sowohl einheimische Bäume und Büsche als auch exotische Pflanzen aus Asien, die die multikulturelle Nachbarschaft widerspiegeln. Im Kräutergarten wachsen Heilpflanzen, und am Pflanzenkiosk gibt es kleine Setzlinge zum Mitnehmen.

Der Garten ist ein Zufluchtsort, der dem Frieden und dem Miteinander gewidmet ist. Ob bei regelmäßigen Gärtnerworkshops an den Gemüsebeeten, Tai-Chi-Kursen auf dem Rasen, intimen Gartenkonzerten oder anderen Aktivitäten, die von Freiwilligen organisiert werden. Hier sind alle willkommen und eingeladen, mitzumachen. Ein Besuch der Hidden Gardens offenbart die therapeutische Wirkung der Natur und schenkt vor allem eines – grünes Glück.

**TIPP**

Vor dem Besuch sollte man sich von der Webseite unbedingt den kostenlosen Audioguide herunterladen!

- The Hidden Gardens, 25A Albert Drive, Glasgow, G41 2PE
www.thehiddengardens.org.uk
- ÖPNV: Bahn von Central bis Haltestelle Pollokshields East

# Wahre Wunder

## 27 Das Wandgemälde von St. Mungo

„Hier ist der Vogel, der niemals flog. Hier ist der Baum, der niemals wuchs. Hier ist die Glocke, die niemals klang. Hier ist der Fisch, der niemals schwamm." Diese Verse aus dem Leben des St. Mungo beschreiben die vier Wunder, die der Stadtheilige St. Mungo (auch Kentigern genannt) in Glasgow vollbracht hat, und diese vier Symbole zieren auch das Wappen der Stadt. Wie der Heilige heute aussehen könnte, hat der australische Künstler Sam Bates in seinem Straßengemälde „St Mungo and The Bird That Never Flew" festgehalten. Unter dem Pseudonym SMUG nutzt der Künstler Hauswände auf der ganzen Welt als Leinwände. Seit den frühen 2000er-Jahren lebt er in Schottland und schenkt der Stadt in regelmäßigen Abständen farbenfrohe Kunstwerke im öffentlichen Raum. Sie locken Tausende von Besuchern an, und Fotos seiner Werke begeistern zahllose Menschen in sozialen Netzwerken. Der besonders für seinen Fotorealismus bekannte Künstler malt vor allem Menschen und Tiere, die aussehen wie aus dem Leben gegriffen.

Auf SMUGs Gemälde an der Glasgower High Street ist der heilige Mungo als Normalbürger dargestellt. Ein Mann, der in leicht schäbigen Klamotten ein Rotkehlchen betrachtet. Den Heiligenschein entdecken die meisten erst auf den zweiten Blick. Vielleicht ist er sogar obdachlos? Der Künstler überlässt dies dem Auge des Betrachters und lädt somit zum nachdenklichen Verweilen ein. Wie nehmen die Menschen der Stadt einander heute wahr? Obwohl das Gemälde an einer geschäftigen Straße liegt, ist auf einem kleinen Streifen Rasen genügend Platz, um die Zeit zu vergessen. So kann man in die Geschichten des heiligen Mungo eintauchen oder im Zauber der kunstvollen Pinselstriche versinken. Das Grab von St. Mungo kann man übrigens in der nahe gelegenen Glasgow Cathedral besuchen. Sie ist das älteste Gebäude der Stadt und steht angeblich an jenem Ort, an dem der Heilige im 6. Jahrhundert eine Kapelle errichtete, um das Christentum nach Glasgow zu bringen.

TIPP

Direkt ums Eck befindet sich ein Gemälde von Mungos Mutter, St. Enoch – ebenso von SMUG gemalt.

- Saint Mungo Mural, 287 High Street, Glasgow G4 0QS
- ÖPNV: Bahn von Queen Street bis Haltestelle High Street

SMUG

# Geschichte mal anders

## 28 Die Women's Heritage Walks

Wenn man sich die Geschichtsbücher der Welt so ansieht, kann man sich immer wieder fragen: Wo sind denn eigentlich die Frauen? Die schottische Geschichtsschreibung ist da keine Ausnahme. William Wallace, Robert the Bruce, Robert Burns, David Hume … haben – mal abgesehen von Mary Queen of Scots – denn tatsächlich nur Männer die Vergangenheit Schottlands geprägt? Die Antwort lautet einstimmig: „nein" – die Stadt wimmelt nur so von eindrucksvollen Frauen, damals und heute.

Genau das beweisen die Women's Heritage Walks und stellen damit die Geschichte auf den Kopf. Auf den einzigartigen Stadtführungen erzählen die Guides von den kaum besungenen Heldinnen der Stadt. Die Routen wurden von Freiwilligen der Glasgow Women's Library erarbeitet und führen durch sechs Stadtteile: Garnethill und Merchant City im Stadtzentrum, Necropolis rund um die Glasgow Cathedral, das East End nahe der Bibliothek, das West End rund um die Universität und durch die Gorbals am südlichen Ufer des Clyde. Sie erzählen vom Leben durchschnittlicher Stadtbewohnerinnen genauso wie von den Taten herausragender Persönlichkeiten. Von den traditionellen Steamies, den Waschhäusern, in denen Frauen im 19. und 20. Jahrhundert zusammenkamen, um Wäsche zu waschen und die aktuellen Tagesthemen zu diskutieren, bis hin zu historischen Figuren wie Mary Barbour, die 1915 den erfolgreichen Mieterstreik anführte. Die Führungen zeigen, wie federführend Frauen den Alltag der Stadt mitgestalteten. Besonders inspirierend ist der Rundgang im Stadtteil Garnethill, der vor allem den Künstlerinnen der Stadt gewidmet ist. Jessie M. King, Ann Macbeth, Margaret und Frances Macdonald – sie alle waren Pionierinnen der Kunst, doch Anerkennung bekamen sie kaum, bis Jude Burkhauser ihnen in den 1990er-Jahren eine eigene Ausstellung im Kelvingrove Museum widmete. Die Women's Heritage Walks sind eine wandelnde Schatztruhe voller Geschichten, die einen frischen Blick auf die Geschichte der Stadt ermöglichen.

TIPP

Alle sechs Routen sind auf der Webseite der Glasgow Women's Library als Gratis-Download erhältlich.

- Glasgow Women's Library, 23 Landressy Street, Glasgow G40 1BP, Tel. +44 141 550 2267, www.womenslibrary.org.uk
- ÖPNV: Bahn von Central bis Haltestelle Bridgeton

Women Make History
West End Women's Heritage Walk
Isabella Elder

# Kreative Oase

## 29 Das Centre for Contemporary Arts

Kreativ zu sein macht glücklich, und Orte, die die Kreativität beflügeln, gibt es in Glasgow an jeder Ecke. Die Stadt strotzt vor Kunstgalerien, gemeinschaftlichen Atelier-Studios und alten Industriegebäuden, die mit viel Liebe und noch mehr Ideen in innovative Oasen umgewandelt wurden. Doch kaum ein Ort verkörpert die kollektive Kreativität der Stadt so gut wie das Centre for Contemporary Art (CCA). Seit den frühen Neunzigern ist das CCA ein Knotenpunkt für die Kreativen und Intellektuellen der Stadt. Sein Wegbereiter, das Third Eye Centre, das sich vorher im gleichen Gebäude befand, feierte in den 1970er-Jahren die lokale Avantgarde. Heute ist das Programm eine bunte, medienübergreifende Mischung aus allen erdenklichen Kunstrichtungen. In der Hauptgalerie finden sich wechselnde Ausstellungen von schottischen und internationalen Kunstschaffenden, während die Intermedia Gallery vor allem aufstrebende Talente in den Mittelpunkt stellt. Zu den Räumlichkeiten zählen auch ein Kinosaal und ein großer Theaterraum, die für Veranstaltungen von heimischen Kreativen kostenlos genutzt werden können. Das CCA ist damit ein einzigartiger Veranstaltungsraum, in dem das Programm nicht von oben diktiert, sondern von der breiten Kreativgemeinschaft im Kollektiv erschaffen wird. Das Zentrum arbeitet mit Hunderten Kuratoren und Veranstaltern zusammen, die so mit relativ bescheidenen Budgets stimmungsvolle Events auf die Beine stellen können. Von umfangreichen Veranstaltungen wie dem Scottish Queer International Film Festival bis hin zu kleinen Events im intimen Rahmen – hier ist Platz für alle Ideen. Bei den Ausstellungen und vielen Veranstaltungen im CCA ist der Eintritt frei, und so bieten sie einer breiten Masse die Möglichkeit, moderne Kunst und Kultur zu erleben. Das Zentrum lädt jedes Jahr Residenzkünstler ein, die frischen Wind in die Szene bringen. Im lichten Innenhof befinden sich außerdem ein Café, eine gemütliche Bar und eine Leseecke, wo man einfach mal abschalten kann.

TIPP

Im Foyer-Shop „Welcome Home“ finden sich zahlreiche Schätze von lokalen Künstlern und Designern.

- Centre for Contemporary Arts, 350 Sauchiehall Street, Glasgow G2 3JD, Tel. +44 141 352 4900, www.cca-glasgow.com
- ÖPNV: First Bus 3, 4 bis Haltestelle Dalhousie Street

RA
RA
MA

# Da spielt die Musik

## 30 Der Monorail Record Shop

Belle & Sebastian, Travis, Simple Minds … Glasgow ist die Wiege zahlreicher international bekannter Bands, Konzerthallen wie der Barrowland Ballroom sind zu Markenzeichen der Stadt geworden. Und trotzdem fehlte etwas. Ein Ort, an dem sich lokale und internationale Bands, Musiker und ihre Fans gleichermaßen zuhause fühlten. Das dachte zumindest Stephen McRobbie, dessen Band The Pastels seit den frühen 80er-Jahren die britische Indieszene aufmischt. Um die Lücke zu füllen, gründete er 2002 den Monorail Record Shop, einen Ort von Musikfans für Musikfans.

Monorail lässt Musikerherzen höherschlagen. Neben nostalgischen Secondhand-Kassetten und Schallplatten, die heute wieder voll im Trend liegen, stapeln sich Hunderte, wenn nicht Tausende CDs in den Regalen. Von Soul und Funk bis Indiepop und Electronica ist alles dabei. Stephen und sein Team legen großen Wert darauf, Glasgower Bands in den Blickpunkt zu rücken. Hier wird niemand in einer obskuren Ecke versteckt, stattdessen erhalten Musiker die Bühnenzeit, die sie verdienen. Doch auch internationale Acts und Weltmusik finden hier einen Platz. Der Fokus liegt auf Bands von unabhängigen Labels, Nischengenres und Musik, die sonst nur schwierig zu finden wäre. Wahre Musikfans finden hier stets die neuesten Bands und Alben, oder sie entdecken seltene Neuauflagen und Fundstücke. Dank der gut kuratierten Auswahl ist Monorail auch die erste Anlaufstelle für bekannte Musiker wie Stuart Braithwaite von Mogwai oder Jarvis Cocker. Dennoch bleibt der Plattenladen stets bodenständig und empfängt alle Menschen mit offenen Armen. Hier ist niemand bloß „Kunde“. Egal ob sie in der Stadt leben oder auf der Durchreise sind: Musikliebhaber treffen hier auf jeden Fall auf Gleichgesinnte. An der Theke werden Tipps ausgetauscht, Neuigkeiten besprochen, mögliche Kollaborationen geschmiedet oder einfach nur geplaudert. Und wer länger bleiben möchte, findet im benachbarten Restaurant Mono bei köstlicher Küche und beschwingtem Soundtrack ein weiteres Stück vom Glück.

- Monorail Record Shop, 97 King Street/12 King's Court, Glasgow G1 5RB, Tel. +44 141 552 9458, www.monorailmusic.com
- ÖPNV: Bahn von Central bis Haltestelle Argyle Street

ATTACK OF COLOUR
ATTACK OF SOUND
ATTACK OF COLOUR
ATTACK OF SOUND
R
RIBBON STAGE
£ 7.99
COMPILATIONS
BOB STANLEY & PETE WIGGS COMPILATIONS
SOUL / FUNK
BLUES / GOSPEL
AMERICAN PRIMITIVE
GARAGE PUNK
PEBBLES / NUGGETS TYPES

# Erstaunlich griechisch

31

## Alexander Thomsons Holmwood House

Im Vergleich zu den mittelalterlich charmanten Gassen von Edinburgh wirkt das schachbrettartig angelegte Stadtzentrum von Glasgow sehr modern. Doch wahre Architekturfreunde brauchen nur ihren Kopf in den Nacken zu legen und gen Himmel zu blicken – dort liegt der wahre Zauber der Glasgower Architektur. Ab dem ersten Stockwerk offenbaren sich verspielte Fassaden, die die schnurgeraden Straßen säumen. Gegenüber vom Hauptbahnhof befindet sich etwa das Ca d'Oro Building, das aussieht wie ein venezianischer Palazzo. Einige Straßen weiter stehen die Mercantile Chambers, deren typisch rote Sandsteinfassade mit kleinen Statuetten übersät ist. Und wer nicht genau hinsieht, könnte die Kirche an der St Vincent Street fast für einen antiken Tempel halten.

Seinem Hang zum griechisch inspirierten Klassizismus verdankt der Architekt der Kirche seinen Spitznamen: Alexander „Greek" Thomson. Er drückte der Stadt im 19. Jahrhundert seinen Stempel auf und errichtete zahlreiche kommerzielle Gebäude sowie private Villen für die reichen Industriellen der Stadt. Sein Meisterwerk ist ohne Zweifel Holmwood House im südlichen Stadtteil Cathcart. Der Papierfabrikant James Couper beauftragte Thomson 1857, ihm eine prachtvolle griechisch aussehende Vorstadtvilla zu errichten. Das Resultat ist ein Gesamtkunstwerk. Thomson entwarf nicht nur das Gebäude, sondern auch das kunstvolle Interieur. Nach Coupers Tod wurde das Haus auf verschiedenste Art und Weise genutzt: als Wohnhaus, als Klosterschule und sogar als Haustierpension. Wie durch ein Wunder gelangte das Haus letztendlich in die Hände des National Trust for Scotland, der es seither Zimmer für Zimmer detailgetreu restauriert und in den Originalzustand zurückversetzt. Und damit können Besucher auch heute wieder durch das Haus schlendern und Thomsons einzigartiges Design bewundern. Von den tempelartigen Hallen des Foyers bis zu den kunstvollen Friesen mit Szenen der „Ilias" im Esszimmer – Holmwood House ist ein Haus wie kein anderes in Glasgow.

TIPP

Von hier aus lohnt sich ein Spaziergang zur Snuff Mill Bridge und durch den Linn Park.

● Holmwood House, 61–63 Netherlee Road, Glasgow G44 3YU, Tel. +44 141 571 0184
www.nts.org.uk/visit/places/holmwood
● ÖPNV: Bahn von Central bis Haltestelle Cathcart

# Wellenreiten in der City

32

## Der Glasgow Wake Park

Beide Füße fest auf dem Brett, in die Knie gehen, Arme ausstrecken und den Griff festhalten. Der Motor springt an, das Seil beginnt sich zu spannen, und es kann losgehen. Doch sobald der Spaß begonnen hat, planscht man auch schon wieder im Wasser. Beim Wakeboarden ist voller Körpereinsatz gefragt, und es braucht meist ein paar Versuche, bis man zum ersten Mal aus dem Wasser kommt und auf dem Board stehen bleibt. Wenn man den Dreh dann aber erst einmal raushat, geht es schnell voran, und nach einer halben Stunde übt man bereits die ersten Tricks.

So oder so ähnlich kann man sich eine Anfängerstunde im Glasgow Wake Park vorstellen. Wakeboarden ist wie Snowboarden oder Skateboarden, aber eben auf dem Wasser und deshalb viel leichter zu erlernen. Der Glasgow Wake Park liegt im Norden des Stadtzentrums im alten Hafen des Port-Dundas-Kanals und ist der erste innerstädtische Wakepark Schottlands. Anstelle eines Boots, das Wakeboarder normalerweise quer über den See oder durchs Meer zieht, erledigt diese Aufgabe hier ein motorbetriebenes Kabelsystem, das es ermöglicht, auf der Strecke hin und her zu fahren. Der Druckaufbau der Anlage hilft den Boardern dabei, am Ende des Beckens in die Luft zu wirbeln und die Richtung zu ändern. Anfänger und Neulinge erhalten Anweisungen von den Trainern des Wakeparks, Geübte und Fortgeschrittene können auch ohne Unterricht loslegen. Im Wasser befinden sich mehrere künstliche Hindernisse, die für verschiedene Tricks genutzt werden können. Sprünge, Drehungen, Saltos – die Regeln der Schwerkraft sind hier relativ. Wakeboarden ist eine hippe Alternative zum Wasserskifahren und die ideale Sportart für einen sonnigen Nachmittag in Glasgow. Denn dann herrscht im Wakepark pure Urlaubsstimmung. Das Wasser des Kanals ist blitzblau, auf den Holzstegen rund ums Becken tummeln sich Schaulustige, die die Wakeboarder anfeuern. Man kann gerne auch etwas zum Picknicken mitbringen. Das alles bedeutet Strandfeeling pur – nur den Sand, den muss man sich dazudenken.

**TIPP**

Im benachbarten Pinkston Paddle Centre kann man mit dem Kajak im künstlichen Wildwasser paddeln.

● Glasgow Wake Park, 75 North Canal Bank Street, Glasgow G4 9XP, Tel. +44 7415 787260, www.glasgowwakepark.com
● ÖPNV: U-Bahn bis Haltestelle Cowcaddens

SLING
LEARN TO WAKEBOARD
07415
787260

# Wasser des Lebens

## 33 Die Clydeside Distillery

Whisky und Schottland sind untrennbar miteinander verbunden. Das Destillerie-Business ist einer der größten Wirtschaftssektoren des Landes und seine Erzeugnisse ein führendes Exportgut. Wäre Schottland eine Maschine, wäre der Whisky das Öl, das sie sprichwörtlich am Laufen hält. Der schottische Diplomat Sir Robert Bruce Lockhart sagte einst, dass jedes Land das Getränk hat, das seinem Wesen am meisten entspricht. Was das wohl über Schottland aussagt? Vielleicht dies: aromatisch, abwechslungsreich und mit dem Alter immer besser. Inzwischen gibt es sogar alkoholfreien Whisky, damit alle mittrinken können.

In Glasgow blickt die Whiskyindustrie auf eine lange Geschichte zurück, von den Brennereien des 18. Jahrhunderts, die größtenteils illegal waren (wer wollte schon Steuern zahlen?), bis zu den Umschlagplätzen an den Docks des Stadthafens. Der Großteil der Whiskyfässer, die in die Welt exportiert wurden, fanden früher oder später ihren Weg nach Glasgow. Ganz in dieser Tradition befindet sich die heutige Clydeside Distillery im alten Pumpenhaus, das einst den Schiffsverkehr am berühmten Queen's Dock am Clyde regulierte. Die Vorfahren des Eigentümers Tim Morrison waren selbst Größen der Whiskyindustrie, und einer, John Morrison, legte im 19. Jahrhundert den Grundstein für das Queen's Dock. Hier wird Whisky auf traditionelle Weise hergestellt. Das Wasser für die Produktion kommt vom wunderschönen Loch Katrine in den südlichen Highlands. Vieles wird nach wie vor von Hand gemacht, und der Still Master trifft alle Entscheidungen mit seinen fünf Sinnen statt mithilfe von Digitalanzeigen. Die Destillerie bietet Touren und Verkostungen an, führt einen gut sortierten Whisky-Shop, und im Café gibt es lokale Köstlichkeiten wie einen exklusiv hergestellten Donut mit Clydeside-Whisky-Glasur. Falls einen Whisky allein nicht glücklich macht, der Zucker tut es bestimmt. Slàinte Mhath!

TIPP

Die Whisky-und-Schokolade-Tour ist ein besonderes Erlebnis für Genießer.

- The Clydeside Distillery, 100 Stobcross Road, Glasgow G3 8QQ, Tel. +44 141 212 1401l, www.theclydeside.com
- ÖPNV: Bahn von Central bis Haltestelle Exhibition Centre

# Tradition, die schmeckt

## 34 Sunday Roast im The Butterfly and the Pig

Traditionen sind ein faszinierendes Phänomen. Manche Menschen halten ohne Wenn und Aber an ihnen fest – egal, ob davon wirklich jemand profitiert. Andere möchten bestimmte Traditionen am liebsten ganz abschaffen, was mitunter keine schlechte Idee wäre. Im besten Fall ermöglichen Traditionen Zusammenhalt. Im schlimmsten Fall verhindern sie den Fortschritt. Ein Brauch, dem fast alle Schottinnen und Schotten mit Begeisterung anhängen, ist die Tradition des *sunday roast*, des Sonntagsbratens. Serviert wird der Braten üblicherweise mit Röstkartoffeln, Yorkshire Pudding (kleinen Teigpasteten), Bratenfüllung, Soße und gekochtem Gemüse. Vegetarier weichen traditionsgemäß auf ein „Gemüse-Wellington" aus. Doch so gut es auch schmeckt, die Küche sieht danach meist aus, als hätte eine Bombe eingeschlagen. Und wer möchte den Sonntagnachmittag schon mit Aufräumen verbringen?

Wenn man trotzdem nicht auf den *sunday roast* verzichten möchte, reserviert man am besten einen Tisch im The Butterfly and the Pig, einem quirligen Restaurant in der Bath Street, der bekannten Glasgower Ausgeh-Meile. Hier wird jeden Sonntag ab 12:30 Uhr der traditionelle Braten aufgetischt. Das Gastropub befindet sich im Keller eines restaurierten historischen Stadthauses, das auf seinen Stockwerken gleich mehrere Veranstaltungsorte beherbergt. Im schnuckeligen Teehaus gibt es *afternoon tea* auf Vintage-Geschirr. Darüber befinden sich ein Nachtclub mit mehreren Tanzflächen und einige Räume für private Veranstaltungen. Hier findet wirklich jeder seinen Zufluchtsort.

Doch zurück zum Gastropub im Kellerlokal. Der Einrichtungsstil ist „shabby chic". Die Möbel passen mit Absicht nicht zusammen, und an den Wänden hängen zierliche Porzellanteller und kleine Ölgemälde in antiken Rahmen. Der Barbereich auf der linken Seite wird abends zum Pub. Bands sorgen mehrmals die Woche mit Blues, Rock'n'Roll & Co. für musikalische Untermalung, sodass das The Butterfly and the Pig die ganze Woche über ein wahrer Glücksort ist.

● The Butterfly and the Pig, 153 Bath Street, Glasgow G2 4SQ, Tel. +44 141 221 7711
www.thebutterflyandthepig.com
● ÖPNV: First Bus 3, 4/4A, 10 bis Haltestelle Sauchiehall Lane

# Nicht nur ein Pub

## 35 The Laurieston Bar

Pubs gibt es in Glasgow wie Sand am Meer, doch wenn man genau hinschaut, gleicht keiner dem anderen. Ein *pub crawl* in Glasgow, bei dem man nacheinander mehrere Pubs ausprobiert, ist eine echte Erlebnisreise, gespickt mit trendigen Craftbier-Lokalen, alteingesessenen „Altmänner-Pubs", in denen die Zeit stillzustehen scheint, und allem Möglichem dazwischen. Ein Pub, das aus der Masse klar hervorsticht, ist die Laurieston Bar an der Bridge Street. Anders als bei vielen modernen Pubs handelt es sich hier noch um einen echten Familienbetrieb. Seit 1982 zapfen John Clancy und seine Familie hier Bier, schenken Whisky aus und leihen der Nachbarschaft ihr Ohr. Bereits Johns Vater war stolzer Pubbesitzer. Als er aufgrund eines Arbeitsunfalls in den 1960er-Jahren eine großzügige finanzielle Entschädigung erhielt, kaufte er sich dafür kurzerhand seinen ersten Pub. Heute führt Johns Sohn Joseph die Familientradition weiter. Das Pub-Leben liegt ihm im Blut. Von außen sieht die Laurieston Bar aus wie viele andere Pubs in Glasgow. Fröhliche Blumenkästen weisen den Weg. Es gibt zwei Eingänge zu den separaten Räumlichkeiten: der Bar (ursprünglich für Männer vorgesehen) und der Lounge (für die Damen). Doch drinnen erwacht die Geschichte der Bar zum Leben. Die hölzerne Decke fertigte der gelernte Tischler John selbst an. Die Wände zieren alte Fotos, Zeichnungen der Fassade und Schilder, die bereits im ersten Pub der Familie hingen. Gerahmte Collagen zeigen Fotos von heiteren Stammgästen in Faschingsverkleidung, beim Karaoke-Singen oder einfach nur beim fröhlichen Zusammensein. Für John ist es *„just a pub"*, doch für die Gäste ist die Laurieston Bar ein zweites Zuhause. Viele Stammgäste kommen seit Jahren jeden Tag zum Plaudern vorbei. Manche bringen inzwischen sogar ihre erwachsenen Kinder und Enkel mit. Doch egal ob Stammgast oder Neuankömmling – Joseph, John und ihr Team begrüßen jeden wie einen alten Bekannten. Ganz nach dem Motto: Im Pub gibt es keine Fremden, nur Freunde, denen du noch nicht begegnet bist.

● The Laurieston Bar, 58 Bridge Street, Glasgow G5 9HU, Tel. +44 141 429 4528
● ÖPNV: U-Bahn bis Haltestelle Bridge Street

CATTO'S
JURA
BLACK LABEL
WHYTE&MACKAY
SMOOTHER TASTE
HIGHLAND PARK

# Grau, aber oho

## 36 Das Mackintosh House

Neben der grauen Universitätsbibliothek steht ein ebenso wenig ansehnlicher, klobiger Betonbau. An der Fassade prangt eine schlecht geplante Tür, etwa 2 Meter über dem Boden und ohne Treppenaufgang. Das soll ein Glücksort sein? Doch nicht alles ist so, wie es scheint. Während das Mackintosh House im Universitätsviertel auf den ersten Blick eher rätselhaft aussieht, verbirgt sich im Inneren ein wahres Fest für die Sinne.

Von 1906 bis 1916 lebte hier ein echtes *power couple.* Er war Architekt von Gebäuden wie der School of Art und den Willow Tearooms. Sie war Künstlerin und eine Pionierin der Glasgow Kunstszene. Charles Rennie Mackintosh und Margaret Macdonald verwandelten das traditionelle Stadthaus gemeinsam in eine moderne Insel. Ursprünglich stand das Haus einige Straßen weiter. Jenes Gebäude wurde in den 1960er-Jahren abgerissen, doch die Hunterian Art Gallery rettete einen Großteil der Ausstattung und baute das Mackintosh House nach Originalplänen am heutigen Standort wieder auf. Fotos und zeitgenössische Beschreibungen des Hauses halfen dabei, die Einrichtung originalgetreu zu vervollständigen.

Die meisten Museen sind reine Mittel zum Zweck. Die Wände, an denen die Gemälde hängen, treten in den Hintergrund, um die Aufmerksamkeit auf die Kunstwerke zu lenken. Doch im Mackintosh House wird das Gebäude selbst zum Ausstellungsobjekt bzw. zum Gesamtkunstwerk. Mackintosh und Macdonald gestalteten jedes Detail. Sie entfernten die verspielten, aber altmodischen viktorianischen Verzierungen an den Wänden und der Fassade und ersetzten sie durch die moderne Ästhetik des Jugendstils. Sie setzten neue Fluchtlinien, um gewisse Akzente des Hauses hervorzuheben und die Räume größer wirken zu lassen. Mackintoshs Stühle mit der charakteristisch hohen Rückenlehne sind praktisch und kunstvoll zugleich. Macdonalds pastellige Aquarelle zieren die Wände. Es ist fast so, als ob das Mackintosh House einen Blick in die Seelen der beiden Künstler gewährt, die ihrer Zeit so weit voraus waren.

● Mackintosh House, 82 Hillhead Street, Glasgow G12 8QQ, Tel. +44 141 330 4221
www.gla.ac.uk/hunterian
● ÖPNV: U-Bahn bis Haltestelle Hillhead

# Von oben bis unten

## 37 Die Glasgow Central Tour

Als Paul Lyon nach einer langen Karriere bei der schottischen Eisenbahngesellschaft die Idee hatte, die historischen Bahnsteige der Glasgower Central Station für eine exklusive Tour zugänglich zu machen, hatte er keine Ahnung, was auf ihn zukam. 2013 bewarben sich Tausende von Menschen um die limitierte Auflage von nur 100 Tickets, und seitdem ist die Nachfrage nur noch weiter gestiegen. Heute bieten Paul und seine Kollegen täglich mehrere Touren an, um die unterirdischen Gleise des Bahnhofs zu besuchen, der ab dem späten 19. Jahrhundert den Dreh- und Angelpunkt der Stadt bildete. Die Station musste viele Male umgebaut und erweitert werden, um mehr und mehr Reisende unterzubringen.

Es ist nicht nur die Architektur, die die Besucher der Tour begeistert, sondern vor allem die Reise durch die Geschichte des Bahnhofs und der Menschen, die hier lebten und arbeiteten. Von tragischen Begebenheiten wie der Rückführung gefallener Soldaten während des Ersten Weltkriegs bis hin zu aufmunternden Geschichten von der Hoffnung, die der Aufschwung des Bahnverkehrs ohne Zweifel darstellte. Der Bahnhof verkörpert die Sozialgeschichte der Stadt. Besonders eindrucksvoll sind die bunten Wandgemälde, die von Kunststudierenden im Andenken an die federführenden Ingenieure der Caledonian Railway Company angefertigt wurden. Das Herzstück der Tour jedoch ist der unterirdische viktorianische Bahnsteig, der ab den 1960er-Jahren abgesiegelt und vergessen hinter einer Mauer versteckt lag – bis Paul die Neugierde packte und die Mauer kurzerhand abreißen ließ. Sein Traum ist es, den Originalzustand des Bahnsteigs wiederherzustellen, neue Gleise zu verlegen und eine historische Dampflokomotive auszustellen. Der Erfolg der Glasgow Central Tour beweist, dass es sich hier nicht nur um einen Bahnhof handelt, sondern um ein verstecktes Museum, das die Geschichten der Menschen, die hier einst ein und aus gingen, zum Leben erweckt und sie zu unseren Weggefährten macht.

TIPP

Zur Stärkung vor oder nach der Tour empfiehlt sich das Café mit Kaffeerösterei Gordon Street Coffee.

- Glasgow Central Station, Gordon Street, Glasgow G1 3SL, Tel. +44 7734 647 381 www.glasgowcentraltours.co.uk
- ÖPNV: Bahn bis Glasgow Central

# Retail therapy

## 38 Shopping auf der „Style Mile“

Geld allein macht nicht glücklich. Selbst die Wissenschaft hat inzwischen bewiesen: Das Glück kann man nicht kaufen. Gegen eine kleine Shoppingtour spricht natürlich trotzdem nichts. Vielleicht wartet zwischen raschelnden Tüten und bunten Schaufenstern doch ein wenig Glück für den Augenblick. „*Retail therapy*“ nennen das die Schotten und versammeln sich dazu tagein, tagaus in der Fußgängerzone, die etwa eine Meile lang durchs Stadtzentrum führt und deswegen auch „*Style Mile*“ genannt wird. Es handelt sich um die längste Einkaufsstraße Großbritanniens außerhalb von London. Ob auf der Suche nach gehobenem Stil oder auf Schnäppchenjagd, hier schlagen die Herzen der Modefans höher.

Los geht es ins Shoppingparadies auf der Sauchiehall Street, zu den Klängen von Straßenmusikern und im Schatten der Bäume. Die Schaufenster quellen über von Schuhen, Kleidung, Souvenirs und wohlduftenden Badeartikeln. Ein Highlight ist der Savoy Market. Einst ein typisches Einkaufszentrum, ist es heute ein kollektiver Raum für unabhängige Designer. Am oberen Ende der Buchanan Street liegen die weitläufigen Buchanan Galleries, Heimat des Scottish Design Exchange. Die Einnahmen des Ladens gehen direkt an die Künstler und Handwerker, die hier ihre Produkte feilbieten. Es lohnt sich auch, die Nebengassen der Buchanan Street zu erkunden. Hier befinden sich statt der Geschäfte internationaler Marken, die die Hauptstraße dominieren, zahlreiche kleinere Läden und quirlige Wochenendmärkte. In der Argyll Arcade strahlen die Diamanten um die Wette, während das Princes Square Shopping Centre bereits wegen seiner beeindruckenden Architektur einen Abstecher wert ist. Designerläden von Armani bis Ralph Lauren gibt es ums Eck in der Ingram Street. Rund um St Enoch befinden sich die großen britischen Kaufhäuser wie House of Fraser, Debenhams und Marks & Spencer. Spätestens jetzt glüht die Kreditkarte – und das Herz, denn Shopping macht eben doch ein bisschen glücklich.

- Style Mile: Sauchiehall Street, Buchanan Street, Argyll Street, Glasgow G1
- ÖPNV: U-Bahn bis Haltestelle Buchanan Street oder St Enoch

UEFA EURO2020
PEOPLE MAKE GLASGOW
GLASGOW

# Erinnerungen einer Stadt

## 39 Der People's Palace in Glasgow Green

Verbundenheit mit der Natur, mit einem Ort, aber vor allem mit anderen Menschen ist zweifelsohne ein wichtiger Bestandteil persönlichen Glücks. Wir alle streben danach, Teil von etwas Größerem zu sein. Und dazu gehört auch, gemeinsam in Erinnerungen zu schwelgen. Im People's Palace passiert genau das. Das Museum wurde 1898 eröffnet, um den Gemeinschaftssinn der Glasgower zu stärken. Sie kommen bis heute hier zusammen, um Geschichten von früher zu erleben und sich in ihrer Zuneigung zur Stadt immer wieder neu zu bestätigen. Doch auch Neuankömmlinge können sich diesem Charme nicht entziehen, denn wenn man erst einmal in die Sozialgeschichte Glasgows eintaucht, gibt es kein Zurück.

Der Rundgang beginnt mit den „Steamies" – kommunalen Waschanstalten des 19. und 20. Jahrhunderts, in denen sich die Frauen der Stadt zum Kleiderwaschen, Baden und Klatschen trafen. Sie waren ein Ort der Zuflucht und der Auszeit. Hier wurden Freundschaften geschlossen und besonders in schweren Zeiten Solidarität demonstriert. Weiter geht es durch eine Ausstellung zu den weltlichen Freuden und Lastern der Stadt. Von aus heutiger Sicht fast schon prüden Werbekampagnen gegen den Genuss von Alkohol bis hin zu fröhlichen Geschichten von Paaren, die sich im Barrowland Ballroom ineinander verliebten. Wie viele Familien ihr Entstehen wohl der dortigen Tanzfläche zu verdanken haben? Besonders bunt geht es in der Galerie zum Thema Urlaub zu – komplett mit original viktorianischen Badeanzügen, Augenzeugenberichten von Reisen an die Küste und einer Fotowand, an der die Besucher solch einen schottischen Strandurlaub nachahmen können.

**TIPP**
Nach dem Museumsbesuch lohnt sich eine erholsame Pause im Café im Wintergarten.

Die Kuppel des Museums wurde in den 1980er-Jahren vom Maler Ken Currie neu gestaltet. Seine Gemälde fangen den sozialen Kampfgeist der Stadt ein, der auch heute noch ein wichtiger Teil der Glasgower Identität ist. Die Kuppel setzt einem Besuch des People's Palace buchstäblich die Krone auf – der übrigens, wie in so vielen Museen der Stadt, kostenlos ist.

● People's Palace, Templeton Street, Glasgow G40 1AT, Tel. +44 141 276 0788
www.glasgowlife.org.uk
● ÖPNV: Bahn von Central bis Haltestelle Bridgeton, First Bus 18 bis Haltestelle Green Street

# Rezepte der Heimat

## 40 Ranjit's Kitchen

Was bedeutet es, sich an einem Ort zuhause zu fühlen? Dieser Frage gingen Schriftsteller wie Carl Zuckmayer, Christian Morgenstern und Isabel Abedi auf den Grund und kamen dabei alle zur gleichen Feststellung: *Home is where the heart is.* Unser Zuhause ist nicht notwendigerweise der Ort, an dem wir geboren wurden, sondern der, an dem sich unser Herz am wohlsten fühlt. In Schottland gibt es dafür sogar einen eigenen Begriff: „*New Scots*" sind all jene, die Schottland als ihre Heimat betrachten und sich so richtig schottisch fühlen, obwohl sie in einem anderen Land geboren wurden. Doch egal, woher sie kommen: Die Zuwanderer bringen immer einen Teil ihrer eigenen Kultur mit und tragen damit zum bunten Mosaik der Stadt bei.

Solch eine „neue Schottin" ist Ranjit Kaur, die seit 1990 in Glasgow zuhause ist. Als Kind lebte sie in einem kleinen Dorf im Pandschab, einer Region im nordwestlichen Indien. Dort half sie auf dem Bauernhof ihrer Familie mit, säte Samen, melkte Kühe und Büffel, erntete Gemüse und Obst und erlernte die pandschabische Kochkunst. Als sie nach Großbritannien ausgewanderte, brachte sie ihre Leidenschaft für das Kochen mit. Beim Kochen konnte sie in Erinnerungen schwelgen und gleichzeitig den Menschen in ihrer neuen Heimat etwas Gutes tun.

**TIPP**

Einen Tisch kann man hier leider nicht reservieren – deswegen sollte man am besten Wartezeit mitbringen!

Mit ihrem Restaurant Ranjit's Kitchen erfüllte sie sich den Traum, auch ihrem kulinarischen Können ein permanentes Zuhause zu geben. Während Ranjit kocht, kümmern sich ihre Kinder um den kaum nachlassenden Strom an hungrigen Gästen. Sie drängen sich an den langen Holztischen und genießen Linsen-Dal, Pakora, Samosas und Paneer-Käse. Die Portionen sind enorm, die Preise erstaunlich günstig. Am Eingang warten zahlreiche Kunden auf Speisen zum Mitnehmen, draußen steht stets eine Schlange. Zugegeben, Ranjit's Kitchen ist kein Ort der Stille. Aber das kleine Restaurant ist der perfekte Ort für eine Verwöhnpause und ein Beweis dafür, dass auch die Liebe zur (neuen) Heimat durch den Magen geht.

- Ranjit's Kitchen, 607 Pollokshaws Road, Glasgow G41 2QG, Tel. +44 141 423 8222 www.ranjitskitchen.com
- ÖPNV: Bahn von Central bis Haltestelle Queen's Park

# A madman's dream

41

## Die Brauerei Tennent's

Hugh Tennent hatte es nicht einfach. Als er 1884 die Wellpark-Brauerei seines Ururgroßvaters übernahm und begann, dort Lagerbier zu brauen, hatten die Schotten wenig dafür übrig. Bis dato braute Wellpark ausschließlich Stout und Ale. Helles Bier mit Kohlensäure – das wollte keiner. Außer eben Hugh, der sich auf einer Reise nach Bayern ins leichte Lagerbier verliebt hatte und davon träumte, damit die schottische Bierszene aufzumischen. Die Presse nannte ihn verrückt, doch am Ende hatte Tennent das letzte Wort.

Heute ist Tennent's Lager das beliebteste Bier des Landes. Über 70 Prozent aller schottischen Pubs zapfen es vom Fass. Das leuchtend rote „T", das die Flaschen, Dosen und Gläser von Tennent's ziert, wurde zu einem unverwechselbaren Markenzeichen. Wenn die Schotten von „Vitamin T" sprechen, suchen sie nach dem schnellsten Weg zum nächsten Pub. Ohne Tennent's stehen die Räder Glasgows still. In der Gegend der Wellpark-Brauerei wird seit dem 12. Jahrhundert Bier gebraut. Damals war das Geschäft fest in den Händen der Mönche von St Mungo. Das Tennent's Heritage Centre erzählt mit viel Humor und Liebe zum Detail von dieser langen Tradition des Bierbrauens und der Geschichte der Familie Tennent. Das Herzstück der Ausstellung ist die Sammlung alter Werbeplakate und Merchandise-Artikel, die in Schottland Kultstatus genießen. Vor allem die „Lager Lovelies" (Bierdosen mit Bildern von reizenden Damen) sind heiß begehrte Sammlerobjekte. Wer es genau wissen möchte, erhält auf einer Brauereiführung spannende Einblicke in alle Etappen der Bierproduktion, von der Auswahl der besten Zutaten bis hin zur Abfüllung in Dosen, Flaschen und Fässer. Der krönende Abschluss der Führung ist natürlich die Verkostung. Zur Auswahl stehen neben dem traditionellen Lager und beliebten Ale Caledonia Best auch Kostproben von Bieren, die für den Export bestimmt sind. Nichts schmeckt besser als ein frisches Pint Tennent's direkt aus dem Kupferfass. Hier werden Bier-Träume wahr.

TIPP

Nebenan an der Bar der Drygate-Brauerei kann man unpasteurisiertes Tennent's Lager probieren.

- Wellpark Brewery, 161 Duke Street, Glasgow G31 1JD, Tel. +44 141 552 6552 www.tennents.co.uk
- ÖPNV: First Bus 41 bis Haltestelle Barrack Street

1969
Tennent's Lager Lovelies
Tennent's had come to the conclusion that to try to replace Ann with one girl was too risky, so they decided to look at a number of models to appear on the new can design. After a selection process which lasted over four months, five girls were chosen to become 'Tennent's Lager Lovelies' for our home market and 'Tennent's Girls' for our export markets.
1971
Lovelies Series
Successors to the first Lager Lovelies – Heather Scott and Shirley Beveridge were featured on the home market cans. Heather also re-appeared amongst the third series of Lovelies during 1972-1977.
1976
Penny Series
The first Tennent's Girls adorned the export lager cans for eight years without ever matching the interest that Ann had gained, so the decision was made to revert back to a series of one girl at different times of the day – Penny was chosen from hundreds of girls to be the face of the export lager can.
1979
Lovelies Series
For this series of Lovelies, Tennent's chose two portraits of model June (whose real name was Geraldine June, but that was too long for the panel on the can) together with Glasgow models Fiona Best, Linda McShane, Norma Murray and Michelle Laine.
1982
Lovelies Series
The launch of the 1982 Lovelies included The Golden Girls Competition, with valuable prizes given out for spotting the location at which each of the girls had been photographed. This series included two former Miss Scotlands – Lorraine Davidson in 1979, who was also a runner up to Miss Great Britain and Lindy Gallagher who held the title in 1980 and was a Miss Universe runner up.
1984
Lovelies Series
Shona, Janis, Georgina and Karen were the stars of the 1984 series. Treated like celebrities, the Lager Lovelies enjoyed a glamorous life, flying all over the world in a private plane for photo shoots and personal appearances. In return, Tennent's expected a very high standard of behaviour and spotless reputation.
1985
Centenary Lovelies
To celebrate Tennent's Lager Centenary there were eight cans produced to show the girls dressed through the ages – 1885, 1935, 1950, 1965, 1925, 1940, 1955 and 1985 were the key points of time that were showcased.

# Himmel und Hölle

42

## Das National Piping Centre

Ohrenbetäubend – das ist wohl das passendste Wort, um den Klang des Dudelsacks zu beschreiben. Die deutschen Truppen im Ersten Weltkrieg nannten die Dudelsäcke „Damen aus der Hölle“. So manchem, der sie hört, stehen direkt die Haare zu Berge, andere berührt ihr Klang auf einer tiefen emotionalen Ebene, denn er weckt romantische Bilder der schottischen Highlands. Der Dudelsack ist aus der schottischen Kultur nicht wegzudenken. Dabei ist die Geschichte des Instruments in Schottland relativ kurz und reicht vermutlich nur bis ins 14. Jahrhundert zurück. Im Nahen Osten und in Ägypten wurden hingegen Prototypen des Instruments gefunden, die Tausende von Jahren alt sind. Und trotzdem wurde der Dudelsack zu einem Sinnbild Schottlands. Im National Piping Centre kann man diesem Phänomen auf den Grund gehen.

Erster Halt: das Dudelsack-Museum im Erdgeschoss. Die Schaukästen sind zum Bersten voll mit historischen Exemplaren des Instruments. Manche sind vollständig, von anderen sind nur noch die Pfeifen übrig. Die Wände zieren Notenblätter und Fotos von Dudelsackspielern in traditionellen Highlander-Outfits. Die Aufmachung der Musikanten ist Teil des Charmes. Besonders faszinierend ist eine Vitrine, die internationale Sackpfeifen beinhaltet, von der polnischen Koza, die aussieht wie eine kleine Ziege, zur tunesischen Mezwed, die aus Leder und Kuhhörnern besteht. Die Exponate sind mit Geschichten der Museumsführer angereichert, die auf Anfrage auch gerne eine Klangprobe geben.

Doch für richtige Fans ist das erst der Anfang. Im National Piping Centre kann man nämlich auch selbst Dudelsack spielen lernen. Die Interessenten kommen von nah und fern, um entweder regelmäßigen Unterricht zu nehmen oder Intensivkurse zu belegen. Doch zum Dudelsackspielen benötigt man eine heftige Portion Geduld. Es kann bis zu einem Jahr dauern, bis man von der Übungsflöte auf den kompletten Dudelsack umsteigen kann – und acht Jahre, um einen Höllenlärm in himmlische Hymnen zu verwandeln.

TIPP

Beim alljährlichen Sommerfestival „Piping Live“ versammeln sich Dudelsackbands und -fans aus aller Welt.

● The National Piping Centre, 30–34 McPhater Street, Glasgow G4 0HW, Tel. +44 141 3535 551, www.thepipingcentre.co.uk
● ÖPNV: U-Bahn bis Haltestelle Cowcaddens

eadan from
rummond
Collection.
8

# Groß, größer, am größten

43

## Kelvingrove Art Gallery and Museum

In den breiten Gängen hallen die Schritte von Tausenden Besuchern wider. Kunst- und Kulturbegeisterte schreiten von einer Galerie zur nächsten. An den Wänden: ein Fest für die Sinne, Urlaub für die Augen. Bunte Gemälde von den großen Meistern wie Rembrandt, Van Gogh und Monet. Daneben Werke von Lokalhelden wie den „Glasgow Boys and Girls", die im ausgehenden 19. und frühen 20. Jahrhundert die Kunstszene aufmischten. Ein paar Räume weiter findet sich eine überwältigende naturgeschichtliche Sammlung. Skelette und Fossilien der Urgeschichte neben Vitrinen voller Edelsteine und Kristalle. Archäologische Funde aus Ägypten, gefolgt von antiken Möbelstücken, historischen Kostümen und raren Kuriositäten. Von der Decke hängt hier ein original Spitfire-Flugzeug aus dem Zweiten Weltkrieg, dort eine Reihe weißer Köpfe, die verschiedene Grimassen ziehen – eine Installation der Künstlerin Sophie Cave, die in den vergangenen Jahren zum Sinnbild des Museums wurde. Im gigantischen Kelvingrove Art Gallery and Museum ist halt für alle etwas dabei. Das Museum ist aus dem Stadtbild Glasgows nicht mehr wegzudenken. Mit 22 Galerien und über 8000 Ausstellungsstücken ist es nicht nur das größte Museum der Stadt, sondern auch eine der größten Kunstsammlungen Europas. Die Sammlung ist so groß, dass viele Objekte regelmäßig rotieren und somit ständig etwas Neues zu entdecken ist.

Dabei ist das Museumsgebäude selbst ein Kunstwerk. Erbaut aus dem charakteristischen roten Sandstein der südschottischen Steinbrüche und übersät mit Türmchen, Reliefs und Skulpturen. Im Inneren verspielte Säulen, verzweigte Treppenaufgänge, bunter Marmor und eine atemberaubende Haupthalle mit Kassettendecke und Konzertorgel.

Der Eintritt ins Kelvingrove Museum ist gratis, und es zählt zu den beliebtesten Attraktionen der Stadt für die ganze Familie. Trotzdem findet man hier an jeder Ecke ein ruhiges Plätzchen, an dem man fernab vom Stress der Stadt die schönen Dinge der Welt genießen kann.

TIPP

Kostenlose Orgelkonzerte gibt es von Montag bis Samstag um 13 Uhr sowie sonntags um 15 Uhr.

● Kelvingrove Art Gallery and Museum, Argyle Street, Glasgow G3 8AG, Tel. +44 141 276 9599, www.glasgowlife.org.uk

● ÖPNV: U-Bahn bis Haltestelle Kelvinhall

1777 THOMAS 1844
CAMPBELL

# Happy planet, happy life

## 44 Der Regional-Supermarkt Locavore

Saftige Tomaten, leuchtend rote Erdbeeren, süßsaurer Rhabarber – kaum etwas schmeckt so gut wie das Obst und Gemüse, das aus dem eigenen Garten kommt. Auch in Glasgow wird gegärtnert. In Schrebergarten mit kleinen Parzellen, auf Balkonen und Dachterrassen und in Gemeinschaftsgärten, die oftmals ungenutzte Hinterhöfe in ein produktives und duftendes Paradies verwandeln. Dieser Trend zum Selbstanbau hat eine wahre Revolution ausgelöst. Regional, bio und nachhaltig soll sein, was auf den Tisch kommt.

Der unabhängige Bio-Supermarkt Locavore in der Southside hat damit den Finger am Puls der Zeit. Das gemeinnützige Unternehmen hat vor allem ein Ziel: es allen Menschen zu ermöglichen, frisch und saisonal einzukaufen, sich somit besser zu ernähren und dabei auch noch regionale Bauern zu unterstützen. Das Wohlbefinden der Gemeinschaft ist dabei die höchste Priorität. In dieser Hinsicht können die großen Supermarktketten einpacken.

Was einst mit einem winzigen Nachbarschaftsladen anfing, hat sich inzwischen zu mehreren Filialen, Cafés und einem weitreichenden Gemüsekisten-Netzwerk entwickelt. Dazu gehören drei Gemüsegärten unweit vom Stadtzentrum. Hier wird ein Großteil des Obsts und Gemüses angebaut, die dann im Laden erhältlich sind und die Bio-Kisten füllen. In den zentralen Croft Gardens sind außerdem alle Nachbarn eingeladen, mitzumachen und ihren „grünen Daumen“ zu trainieren. Eine große Nachfüllstation ermöglicht verpackungsfreies Einkaufen von trockenen Lebensmitteln, Reinigungsmitteln und Hygieneartikeln. Zusätzlich setzt Locavore auf leckeres Brot von nahe gelegenen Bäckereien und Milch, Eier, Käse und Fleisch von regionalen Bauern. In den Cafés werden die frischen Lebensmittel direkt in leckere und gesunde Köstlichkeiten verwandelt. Von bunten Salaten zu verführerischen Torten ist da alles dabei. Und weil man weiß, woher die Zutaten kommen, schmeckt's natürlich gleich viel besser. Na dann, Mahlzeit!

TIPP

Locavore veranstaltet regelmäßig Workshops und Vorträge zu Themen wie zero waste und Nachhaltigkeit.

- Locavore Govanhill, 349 Victoria Road, Glasgow G42 7SA, Tel. +44 141 328 3303 www.glasgowlocavore.org
- ÖPNV: Bahn von Central bis Haltestelle Queen's Park

RUITS
FROM
THE
Lime
£6,39
P/Kg
LEMON
EUREKA
£5.05/KG
Melon Galia
£2.73
each
Squash (Mix)
£2.89 Per KG
£2.83
each
Sweet Potato
£2.60
£3.36
per kg
£2.04
per kg

# Mittelalterliches Herz

45

## Die Glasgow Cathedral

Orte des Glücks und der Zufriedenheit spenden Kraft und Energie. An ihnen kann man verweilen, auftanken und dann mit doppelter Stärke zurück ins Leben eintauchen. Das wird auch St. Mungo gedacht haben, als er im 6. Jahrhundert am Standort der heutigen Glasgow Cathedral (zumindest der Legende nach) eine kleine Kirche errichtete. Doch der keltische König Morken von Strathclyde war dem Christentum nicht sonderlich freundlich gesinnt und zwang Mungo ins Exil. Erst als ein neuer König an die Macht kam, konnte der Priester zurückkehren und scharte dann schnell eine große Gemeinde um sich.

Die Geschichten seiner Wunder sind auf dem Wappen Glasgows verewigt, und St. Mungo – den man auch Kentigern nennt – wird als Schutzpatron der Stadt verehrt. Es wird angenommen, dass er an der Stelle begraben wurde, wo heute die Kathedrale steht. Die erste massive Steinkirche wurde hier erst viele Jahre später erbaut und dem Heiligen gewidmet, im 12. Jahrhundert. Sie ist eine der wenigen mittelalterlichen Kirchen in Schottland, die die Reformation unversehrt überstanden haben, und ist damit ein historisches Phänomen.

**TIPP**

Nebenan lohnt sich ein Besuch der wunderschönen Nekropole und des Zen-Gartens des St Mungo Museums.

Das heutige Gebäude stammt zum Großteil aus dem 13. bis 15. Jahrhundert, doch das bedeutet nicht, dass hier die Zeit stillsteht. Obgleich nicht mehr offizieller Bischofssitz, beherbergt die Kirche immer noch eine aktive Gemeinde. In der Krypta, wo sich das Grabmal von St. Mungo befindet, finden wechselnde Ausstellungen statt, die sich dem Leben des Heiligen, der Geschichte der Kirche und der Stadt oder modernen Auseinandersetzungen mit dem Thema Religion widmen. Das jüngste bauliche Element der Kirche sind die kunstvollen Bleiglasfenster, die nach und nach im 20. Jahrhundert in Auftrag gegeben wurden. Besonders farbenfroh ist das tiefblaue „Millennium-Fenster“ des schottischen Glasmalers John K. Clark. Ob unter diesem Fenster, in einer der Seitenkapellen oder im stillen Gewölbe der Krypta, es ist ganz einfach, hier ein ruhiges Plätzchen zu finden, um in Gedanken zu versinken und neue Kraft zu schöpfen.

● Glasgow Cathedral, Castle Street, Glasgow G4 0QZ
www.glasgowcathedral.org
● ÖPNV: Bahn von Queen Street bis Haltestelle High Street

# Die wahre Heldin

## 46 Die Isabella-Elder-Statue

Glasgow war einst die führende Metropole des Schiffbaus. Ein Mann, der die Stadt in dieser Hinsicht einen Großteil des Ruhms zu verdanken hat, war John Elder, ein Ingenieur und Schiffbauer mit großem Erfindergeist. Seine innovative Weiterentwicklung der Dampfmaschine führte zu einer steigenden Nachfrage an Dampfschiffen. Die Werften Glasgows florierten, und Elder baute auch selbst Schiffe. Sein Unternehmen war die Fairfield Shipbuilding and Engineering Company und beschäftigte Tausende Arbeiter. Ein Fairfield-Schiff konnte sich auf den Weltmeeren sehen lassen.

Doch die wahre Heldin dieser Geschichte war Johns Frau Isabella. Nach dem vorzeitigen Tod ihres Mannes stiftete sie 1885 einen Park, der direkt gegenüber der alten Fairfield-Werft lag. Die Wohnbedingungen der Angehörigen der Arbeiterklasse waren gegen Ende des 19. Jahrhunderts alles andere als rosig – viele Familien lebten in den charakteristischen Tenement-Häusern auf engstem Raum zusammen. Mit dem Elder Park schuf Isabella eine grüne Oase inmitten des industriellen Stadtteils Govan, einen Ort, der den Arbeitern und ihren Familien einen Ort der Leichtigkeit bot. Hier konnten sie Zeit im Freien genießen und ein paar Stunden mitten in der Natur verbringen. Isabella Elder, die selbst aus einer wohlhabenden Familie stammte, hatte außerdem großes Interesse an Frauenrechten, Wohlfahrt und Bildung. Sie förderte Lehrstühle in Bauingenieurwesen und Schiffstechnik, errichtete eine öffentliche Bibliothek für die Bewohner Govans und finanzierte die Errichtung eines kleinen Krankenhauses. Sie stiftete ein Gebäude für das Frauen-College der Universität von Glasgow und ermöglichte es Frauen, Medizin zu studieren. Ihre Sterbeurkunde wurde von der ersten weiblichen Ärztin der Universität von Glasgow ausgestellt. Isabella vermachte einen Großteil ihres Vermögens karitativen Zwecken. Die ihr zu Ehren errichtete Statue im Elder Park erinnert an eine Frau, ohne deren Beitrag die Welt eine andere wäre.

TIPP

Das Fairfield Heritage Centre gegenüber dem Park erzählt die Geschichte der Schiffbauindustrie Govans.

- Elder Park, Govan Road, Glasgow G51
- ÖPNV: U-Bahn bis Haltestelle Govan; Stagecoach Bus X19 bis Haltestelle Elder Park

MRS JOHN ELDER

# Kreative Vorstadt

## 47 Das Szeneviertel Shawlands

Die buntesten Ecken einer Stadt liegen oft fernab der üblichen Sehenswürdigkeiten und Besuchermagneten. Glasgow macht da keine Ausnahme. Von ein paar Attraktionen abgesehen, gibt es an der Southside, einem kunterbunten Mosaik aus zahlreichen Stadtvierteln südlich des Clyde, auf den ersten Blick nicht viel zu sehen. Doch genau darin liegt der Charme dieses Stadtteils. Stundenlang auf einer Parkbank sitzen und in einem Buch versinken; gemütlich in einem Café einkehren und Tee schlürfen; auf breiten Alleen unter Bäumen spazieren und hie und da ein buntes Graffito betrachten – ob drinnen oder draußen, die Southside hat viel zu bieten.

Besonders klar wird dies in Shawlands, einem Stadtviertel südwestlich der grünen Stadtoase, Queen's Park. Hier ist die kreative Szene der Stadt zuhause. Entlang der umtriebigen Pollokshaws Road und der Kilmarnock Road befindet sich ein trendiger Laden neben dem anderen: Cafés mit üppigem Brunchangebot, unabhängige Boutiquen mit Glasgower Designs und Kunsthandwerk und kleine Coffeeshops mit leckerem Kuchen. Zwischendrin erwarten Besucher architektonische Wunder, wie etwa das Shawlands-Cross-Gebäude, das an das New Yorker Flatiron Building erinnert und – wer hätte das gedacht? – im Erdgeschoss einen Pub beherbergt. In den Nebenstraßen links und rechts geht es ebenso bunt zu. Der Shawlands Art Trail feiert hiesige Künstler und bringt Farbe auf die leeren Wände der Nachbarschaft. Ecke Frankfort Street und Moss-Side Road befinden sich gleich mehrere Wandgemälde nebeneinander, die zu Solidarität und Umweltfreundlichkeit aufrufen. In der engen Park Lane findet regelmäßig ein Wochenendmarkt statt, bei dem es neben lokalem Handwerk auch leckeres Street Food gibt.

Mit dieser bunten Mischung aus Natur, Kulinarik, Nightlife und Kreativität ist es wahrlich kein Wunder, dass Shawlands zu einer der beliebtesten Wohngegenden Schottlands zählt. Ein Ort, der Glasgows pure Lebensfreude verkörpert.

**TIPP**

Eine Karte des Shawlands Art Trail kann von myshawlands.com heruntergeladen werden.

- Shawlands, Glasgow G41
- ÖPNV: Bahn von Central bis Haltestelle Crossmyloof

DENTAL
PRACTICE
632 0047
POLLOKSHAWS
ROAD
THE GRANARY
RENT-A-BARGAIN
VAN HIRE
429 0444 £20
Public Bar open from 12 Noon
SKY SPORTS HERE

# Wo die Stars schlafen

48

## Das Grand Central Hotel

Frank Sinatra, Mae West, Mick Jagger, Winston Churchill … Das Gästebuch des Grand Central Hotel liest sich wie ein Verzeichnis der Reichen und Schönen der Welt. Das historische Hotel öffnete 1883 seine eleganten Pforten und ließ sofort den Glamour hinein. Von Popikonen über Adelige bis zu Weltpolitikern – hier steigen alle ab, die Rang und Namen haben. Gleich neben dem umtriebigen Hauptbahnhof errichtet, war dem vom viktorianischen Stararchitekten Robert Rowand Anderson entworfenen Hotel von vornherein der Erfolg sicher. Lange bevor die Musiker und Showacts der Welt per Flugzeug und Tourbus in der Stadt ankamen, erreichten sie Glasgow eben mit dem Zug. Und wer geht schon gerne weit zu Fuß, um ins nächste Hotel einzuchecken? Tausende von Fans erwarteten hier die Ankunft von Größen wie Laurel und Hardy. Die Beatles mussten sich auf dem Rückweg von ihrem Konzert einen Weg durch Massen von kreischenden Fans bahnen. Auch tierische Begleiter waren unter den Hotelgästen. Der Country-Sänger brachte sein Pferd „Trigger" mit und führte es die beeindruckende Treppe hinauf zu seiner Suite, und Alice Cooper bestellte ein Extra-Zimmer für seine Boa Constrictor. Sowohl John F. Kennedy als auch Prinz Philip haben im Grand Central Hotel gegessen, und John Logie Baird sendete von hier die erste Fernseh-Fernübertragung der Welt. Wenn die Wände sprechen könnten, welche Geschichten würden sie wohl sonst noch erzählen? Leider bleiben sie wohl stumm, doch die zahlreichen Fotos in den Gängen dokumentieren die Ereignisse und machen der Vergangenheit des Hotels alle Ehre.

Auch heute noch heißt das Grand Central Hotel Gäste aus aller Welt willkommen und bietet mit seiner zentralen Lage den idealen Ausgangspunkt für eine Erkundung der Stadt. Aber nur, wenn man sich von den großzügigen Zimmern mit Blick über den weitläufigen Bahnhof losreißen kann. Manchmal braucht es zum Glücklichsein eben nur einen schönen Ausblick und eine Prise Glamour.

TIPP

Selbst ohne Zimmerreservierung lohnt sich ein Besuch der glamourösen Cocktailbar Champagne Central.

● Grand Central Hotel, 99 Gordon Street, Glasgow G1 3SF, Tel. +44 141 221 3388 www.grandcentral.vocohotels.com
● ÖPNV: Bahn bis Haltestelle Glasgow Central

# Hairy-Coo-Safari

## 49 Die Hochlandrinder im Pollok Park

Zotteliges Fell, neugierige Glubschaugen, eine raue rosa Zunge: Eine Begegnung mit einer gutmütigen Highlandkuh steht für viele Schottland-Reisende ganz oben auf der Wunschliste. Doch was tun, wenn zu wenig Zeit für einen Abstecher in die Highlands ist? Keine Sorge, Glasgow hat auch hierfür eine Lösung.

Der grüne Pollok Country Park südlich des Flusses Clyde ist aus vielen Gründen einen Besuch wert. Er ist der größte Park der Stadt und bietet Naherholung auf großzügigen Wiesen und in verträumten Wäldchen. Abenteuer satt gibt es auf abgelegenen Mountainbike-Pfaden und kleinen Trampelpfaden durchs Dickicht. In der Mitte des Parks steht das wunderschöne Pollok House, ein geschichtsträchtiges Herrenhaus, das an einen italienischen Palazzo erinnert. Im Inneren ist eine umfassende Kunstsammlung ausgestellt, und im Erdgeschoss befindet sich ein einladendes Café mit sonniger Terrasse, das süße und pikante Köstlichkeiten serviert.

Doch der wahre Publikumsmagnet des Parks ist eine Herde Hochlandrinder, die auf mehreren Weiden lebt und den anderen Sehenswürdigkeiten des Parks die Show stiehlt. Rund 50 „Hairy Coos“ sind im Park zuhause, und das bereits seit dem frühen 19. Jahrhundert. Die Familie Stirling Maxwell, der das Pollok-Anwesen damals gehörte, züchtete hier ihre preisgekrönten Hochlandrinder. Und wenn sie nicht gerade zu einer Highland-Show unterwegs waren, grasten die Tiere auf dem Landgut. Heute sind die zotteligen Kühe aus dem Park nicht mehr wegzudenken. Die charakteristischen roten Rinder leben das ganze Jahr über draußen an der frischen Luft und haben somit immer Saison. Die meiste Zeit verbringen sie auf den Weiden links und rechts der Hauptzufahrt zum Pollok House, doch ab und an findet man sie auch weiter südlich am White Cart Fluss oder östlich der Burrell Collection. Besonders lohnenswert ist ein Besuch des Parks im Frühling. Denn wenn eines noch niedlicher ist als ein zotteliges Hochlandrind, dann ist es ein zotteliges Hochlandkalb!

TIPP

Mehr Glasgower Hochlandrinder befinden sich rund um die Reservoirs in den Gleniffer Braes.

- Pollok Country Park, 2060 Pollokshaws Road, Glasgow G43 1AT, Tel. +44 141 287 5064, www.glasgow.gov.uk/pollokcountrypark
- ÖPNV: Bahn von Central bis Haltestelle Shawlands oder Pollokshaws West

# Auf Zuckerwolke 7

## 50 Tantrum Doughnuts

Man nehme Zucker, Mehl, Eier und Butter, Wasser und ein wenig Hefe und vermenge die Zutaten gut in einer Schüssel. Der Teig wird dann abgedeckt und bleibt über Nacht im Kühlschrank. Am nächsten Tag wird der Teig in kleine Portionen zerteilt, locker ausgerollt und in Ringe gedreht. Nach noch mehr Ruhezeit die Ringe in heißem Fett backen, mit Zucker bestreuen und voilà – fertig sind die Doughnuts. Gut Ding will eben Weile haben.

Genau das dachten sich auch Iain und Annika Baillie, als sie 2015 ihre kleine Bäckerei ins Leben riefen und anfingen, nach dem perfekten Rezept zu suchen. Nach vielen Jahren im Gastgewerbe träumte das Paar davon, ihr eigenes Ding zu machen. Und so hängte der gelernte Konditor kurzerhand seine Karriere in den Michelinstern-gekrönten Küchen Schottlands an den Nagel und sattelte auf Doughnuts um. Gemeinsam standen die beiden fortan in der Küche und schufteten durch die Nacht, um jeden Morgen frische Leckereien auftischen zu können. Ihr kleiner Doughnutshop war damals eine richtige Sensation. „Wie, ihr habt keine Frühstücksbrötchen?“, wurden sie oft gefragt. An diesen Minimalismus mussten sich die Berufspendler der Stadt erst einmal gewöhnen. Doch ein Bissen der leckeren Tantrum Doughnuts reichte oft aus, um einen Sinneswandel zu bewirken. Heute betreiben das Duo und sein Team zwei Läden: einen nahe des Hauptbahnhofs im Stadtzentrum und einen im West End, unweit des Kelvingrove Museums. Zu ihren einzigartigen Kreationen zählen der Crème-brûlée-Doughnut mit Vanillefüllung und karamellisierter Zuckerkruste und der nicht minder beliebte Pistazien-Hibiskus-Doughnut mit pinker Verzierung und kandierten Nüssen. Die süßen Ringe sind genauso lecker wie hübsch anzusehen – das Auge isst auch bei Tantrum Doughnuts mit. Dennoch liegt der Fokus natürlich auf dem Geschmack. Nur die besten Zutaten kommen bei Iain und Annika in die Küche, jeder Doughnut wird von Hand geformt. Und so versorgen die beiden tagein, tagaus die Stadt mit zuckersüßen Muntermachern.

TIPP

Eine ganz besondere Kreation von Tantrum Doughnuts sind die Whisky-Doughnuts in der Clydeside Distillery.

● Tantrum Doughnuts, 28 Gordon Street, Glasgow G1 3PU, Tel. +44 141 248 1552
www.tantrumdoughnuts.com
● ÖPNV: Bahn bis Haltestelle Glasgow Central

BY PEOPLE, NOT

# Ein Palast aus Marmor

51

## Die Glasgow City Chambers

Im Film „Heavenly Pursuits“ reist Brian Pettifer in der Rolle des Priesters Father Cobb nach Rom, um im Vatikan für die Heiligsprechung einer verstorbenen Schuldirektorin einzustehen. Doch anstatt das Filmteam tatsächlich nach Italien zu schicken, wurden kurzerhand die Gänge der Glasgow City Chambers zu den heiligen Hallen des Vatikans. Im Film geht eben alles. In Wahrheit hätte man sich keinen besseren Ort aussuchen können, denn im Glasgower Rathaus steckt mehr italienischer Carrara-Marmor als im ganzen Vatikan. Die unübersehbaren Glasgow City Chambers dominieren den zentral gelegenen George Square. Die Stadtregierung wollte damit dem Reichtum der Stadt und ihrer politischen Reichweite ein Zeichen setzen. Über 100 Architekten reichten ihre Vorschläge für das neue Rathaus ein, und nach mehreren Runden siegte der Entwurf des relativ unbekannten Architekt William Young. Dienstbüros, Ratshallen und ein Bankettsaal: Das Rathaus sollte sowohl die Stadtregierung beherbergen als auch die Staatsträger der Welt vom Ansehen Glasgows überzeugen.

Die Fassade ist aufwendig verziert mit Säulen, Statuen und kunstvollen Reliefs, die an den Klassizismus der Renaissance erinnern sollen. Fünf Türme ragen gen Himmel, und auf dem Ziergiebel steht Glasgows Version einer Freiheitsstatue, die der New Yorker Ikone zum Verwechseln ähnlich sieht, auch wenn sie deutlich kleiner ist. Die Errichtung des Rathauses kostete über eine halbe Million Pfund. Heute wären das beinahe 40 Millionen. Ein Großteil dieser Kosten hängt mit dem importierten Marmor zusammen, der den Innenbereich des Rathauses schmückt. Der Treppenaufgang, über den Gäste zu den Festsälen und Sitzungsräumen gelangen, ist die größte Marmortreppe Westeuropas. Bei der gegenüberliegenden Treppe war dann aber doch Schluss mit dem Luxus: Hier wurde mit Holz gearbeitet, das kurzerhand einen Marmoranstrich bekam. So oder so ist es ein Anblick, den man sich nicht entgehen lassen sollte.

**TIPP**

Kostenlose Führungen durch das Gebäude finden von Montag bis Freitag um 10:30 und 14:30 Uhr statt.

- Glasgow City Chambers, 82 George Square, Glasgow G2 1DU, Tel. +44 141 287 2000
- ÖPNV: U-Bahn bis Haltestelle Buchanan Street; Bahn bis Haltestelle Glasgow Queen Street

# Wo der Spa(ß) be-gin-nt

## 52 Das Gin Spa

Nicht alle Schotten sind dem Whisky verfallen – manche trinken lieber Gin. Von der nahe der schottisch-englischen Grenze gelegenen Borders Distillery in Hawick bis zur nördlichsten Destillerie Großbritanniens, der Shetland Reel Distillery: Das ganze Land ist im Gin-Fieber. Anders als beim Whiskybrennen wird beim Destillieren von Gin der geschmacklose Schnaps erst mit Kräutern und Blumen angereichert, die ihm seinen charakteristischen Geschmack verleihen. Jede Destillerie verwendet dabei ihre eigene Kombination an botanischen Zutaten, die oft die Naturlandschaft der Region widerspiegeln. Zu den unverzichtbaren Wacholderbeeren gesellen sich dabei auch schottischer Ginster, Sauerampfer oder Heidekraut.

Jeder Gin erzählt seine eigene Geschichte, und genau daher rührt die Inspiration des einzigartigen Gin Spa, das von Gin71, einer Ginbar mit Leidenschaft für Botanicals, ins Leben gerufen wurde. Das Gin Spa ist ein unvergleichbarer Ort zum Entspannen. Ein Besuch beginnt immer mit der Frage: „Wie möchtest du dich heute fühlen?" Entspannt, belebt, verjüngt, entschlackt, verträumt, verwöhnt? Ganz egal, wonach den Kunden der Kopf steht, die Mitarbeiter des Spas stellen einen entsprechenden Behandlungsplan zusammen und wählen passende Öle und Düfte aus, die von den Botanicals verschiedener Ginsorten inspiriert sind. Dann wird geknetet, gewickelt, geschrubbt und geschmiert. Je nach gewünschter Stimmung runden wechselnde musikalische Untermalung, stimmungsvolle Beleuchtung oder ein leckeres Stück Schokolade das Erlebnis ab. Von traditionellen schwedischen Massagen über die Fußreflexzonentherapie bis hin zu Behandlungen mit heißen Steinen: Ziel ist es, dass man sich von Kopf bis Fuß erholt. Tiefenentspannt geht es nach der Behandlung zum *afternoon tea* ins Ginlokal neben dem Spa. Mit einem Gläschen Prosecco, einem luxuriösen Gin Tonic und überhäuft mit süßen Küchlein hält das Glück einer erholsamen Massage nämlich doppelt so lange.

TIPP

Einmal im Monat findet bei Gin71 eine unterhaltsame Ginverkostung mit sechs verschiedenen Gins statt.

- The Gin Spa, 2 Virginia Court, Glasgow G1 1TN, Tel. +44 141 471 0419 www.ginspa.co.uk
- ÖPNV: Bahn von Central bis Haltestelle Argyle Street

THE
GIN SPA
Introducing the UK's first
GIN INSPIRED BOTANICAL SPA
0141 471 0419 | ginspa.co.uk

# Lass die Sonne rein

53

## Sunshine No. 1

An einer sonnigen Ecke im ruhigen Wohnviertel Mount Florida befindet sich eine wahre Schatzkiste, die zum Entdecken einlädt. Sunshine No. 1 ist ein kleiner, unabhängiger Geschenkartikelladen mit Kunstwerken und Mitbringseln aus ganz Schottland. Neben Illustrationen und Kunstdrucken finden sich hier außerdem außergewöhnliche Grußkarten und Papierwaren, dekorative Haushaltsgegenstände, handgemachte Kosmetikartikel, diverse Schmuckstücke und sogar Kinderkleidung. Es gibt hier nur Dinge, die das Leben sonniger machen. Glasgow war schon immer ein Zentrum für innovatives Design, von ausgefallener Architektur um die Jahrhundertwende (zum Beispiel von Charles Rennie Mackintosh) bis hin zu den kreativen Schmelztiegeln der Industrieviertel (The Barras, SWG3). Trotzdem fehlte Schmuckdesignerin Suzi Nicol in den einheitlichen Einkaufsstraßen der Stadt die Abwechslung. Und so eröffnete sie 2015 ihren Laden und schuf damit eine Oase für einheimische Talente. Sie fing damals ganz bescheiden an, mit Werken von rund 20 Künstlerinnen und Künstlern. Heute stehen jeweils im Wechsel Produkte von über 70 Kreativen zum Verkauf. Die Regale und Wände biegen sich richtiggehend unter der immensen Auswahl, und in jeder Ecke findet sich noch eine mit Schätzen gefüllte Kiste. Alle Stücke im Laden wurden ohne Ausnahme in Schottland gefertigt, viele sogar hier in der mittelbaren Nachbarschaft. Inspiriert von kunterbunten Hafenstädtchen, wildromantischen Buchten, bezaubernden Bergtälern, mittelalterlicher Kultur und dem derben schottischen Humor, gibt es hier unzählige Andenken, die den Charakter Schottlands, seine Menschen und seine schönsten Landschaften auf kunstvolle Weise einfangen. Beim Stöbern finden sich oftmals individuelle Einzelstücke oder limitierte Auflagen, und ständig kommen neue Artikel hinzu, sodass sich ein wiederholter Besuch durchaus lohnt. Jeder Kauf unterstützt außerdem ein kleines Unternehmen und trägt damit dazu bei, dass Glasgows Designszene auch weiterhin gedeiht.

**TIPP**

Wer sich im Laden nicht entscheiden kann, bestellt einfach im Online-Shop von Sunshine No. 1.

- Sunshine No. 1, 1043 Cathcart Road, Glasgow G42, +44 7843 168988 www.sunshinenumber1.co.uk
- ÖPNV: Bahn von Central bis Haltestelle Mount Florida

SUNSHINE
NO.1
LOCAL ARTS & CRAFTS
- GIFTS - WORKSHOPS -
1043

# Vom Glück des Lernens

## 54 Das Glasgow Science Centre

Schon Platon sagte, es sei keine Schande, nichts zu wissen, wohl aber, nichts lernen zu wollen. Glasgow hat dafür eine besondere Lösung parat: das Glasgow Science Centre. Hier lernen Jung und Alt gleichermaßen über die Wunder der Natur und der Wissenschaft dazu. Auf drei Ebenen befinden sich Ausstellungen, die naturwissenschaftliche Prinzipien erklären oder sich mit verschiedenen Karrieren in den MINT-Fächern auseinandersetzen. Die praxisorientierten Exponate laden zum Be-Greifen und Ausprobieren ein und vermitteln so Wissen durch Mitmachen. Von Denkspielen und Bilderrätseln bis zu trügerischen optischen Illusionen, die nicht nur die Regeln der Perspektive veranschaulichen, sondern sich auch ideal als faszinierendes Fotomotiv eignen. Körper und Geist kommen in diesem Museum nicht zur Ruhe, und das ist ausnahmsweise gut so.

Das Museum ist nicht nur ein Ort des Lernens, sondern auch eine Hommage an die innovative Geschichte der Stadt. Einst wurden im benachbarten Becken des Pacific Quay Schiffe auf die Seite gelegt, um ihre Unterseite zu reinigen. Das Hauptgebäude des Museums ähnelt dem Bug eines solch umgekippten Schiffs und erinnert damit an den technischen Fortschritt, den Glasgow der Welt hinterließ. Von oben lässt sich dieser Zusammenhang besonders gut betrachten, und so darf auch eine Fahrt zur Spitze des Glasgow Tower, der über dem Museum thront, nicht fehlen. Besonders heiter geht es im Science Show Theatre zu. Hier demonstrieren Mitarbeiter des Museums Experimente in einer Mischung aus Wissenschaft und Comedy. Mit der Hilfe von Freiwilligen aus dem Publikum schrecken sie dabei vor nichts zurück – Feuer, Explosionen, Schaum und Seifenblasen begeistern die Zuschauer. Ein Höhepunkt des Science Centre ist das Planetarium, in dem Bilder aus dem Weltall auf eine große kuppelförmige Leinwand projiziert werden. In den bequemen Sitzen kann man sich entspannt zurücklehnen und die Reise zu den Sternen, Planeten und fernen Galaxien auf sich wirken lassen.

TIPP

Einmal im Monat wählt das Science Centre ein spezielles Thema und öffnet abends seine Türen nur für Erwachsene.

- Glasgow Science Centre, 50 Pacific Quay, Glasgow G51 1EA, Tel. +44 141 420 5000, www.glasgowsciencecentre.org
- ÖPNV: First Bus X19 bis Haltestelle Festival Park, Bahn bis Haltestelle Exhibition Centre

THERMAL

# Seitenweise Schätze

55

## Das Antiquariat Caledonia Books

Es gibt sie noch – kleine Inseln der Ruhe mitten in der Großstadt. Doch oftmals sind sie gut versteckt und für Stadtneulinge schwer zu finden, etwa in einem Hinterhof oder am Ende eines engen Gässchens. Aber manchmal hat man Glück und findet ein solches Juwel mitten an einer Hauptstraße, wie zum Beispiel das Antiquariat Caledonia Books an der verkehrsreichen Great Western Road. Hier bleibt seit 1986 die Hektik des Alltags vor der Tür. Drinnen platzen die raumhohen Bücherregale aus allen Nähten. Alles ist voller Bücher, die sich auf jeder nur verfügbaren Fläche stapeln und die Kunden zum Schmökern einladen. Der vertraute Geruch von verwitterten Ledereinbänden und altem bedrucktem Papier ist geradezu hypnotisierend. Manchen Leseratten geht alleine davon bereits das Herz über.

In der Sammlung der Familie McBride befinden sich Bücher aller Genres und Themen. Schottische Geschichte, Kunst und Kultur, Philosophie, Militärgeschichte, klassische Literatur, aber auch moderne Romane und Fantasy-Geschichten – es gibt hier nichts, das es nicht gibt. Auch antike Karten, detailreiche Naturstudien und Kunstdrucke befinden sich unter den Schätzen, die es zu erstöbern und erstehen gibt. Eine ganz besondere Spezialität dieser Secondhand-Buchhandlung sind Raritäten, Bücher, die nicht mehr im Druck sind, und Vintage-Ausgaben. Das alles wird mit viel Liebe vom Besitzer und seiner Familie seit über 30 Jahren zusammengetragen.

Kleine unabhängige Buchläden sind heutzutage, wo die großen Ketten den Ton angeben, selbst schon eine Rarität. Viele gibt es auch hier in der Stadt nicht mehr. Doch dank ihres Charakters und ihrer langen Tradition sind die hartnäckigsten unter ihnen – zu denen eben auch Caledonia Books zählt – auch heute noch kaum aus dem Stadtbild wegzudenken. Und so kommen nach wie vor sowohl Glasgower als auch Besucher von außerhalb eifrig zur Tür herein, um zu stöbern und zwischen den Seiten in andere Welten einzutauchen.

TIPP

Wenige Gehminuten entfernt befindet sich ein weiterer ikonischer Buchladen: Voltaire & Rousseau.

● Caledonia Books, 483 Great Western Road, Glasgow G12 8HL, Tel. +44 141 334 9663, www.caledoniabooks.co.uk
● ÖPNV: U-Bahn bis Haltestelle Kelvinbridge

CALEDONIA BOOKS
'PHONE 0141·334 9663
OPEN Mon.-Sat. 10·30 a.m.-6p.m.
s Bought & Sold
caledoniabooks@aol.com
caledoniabooks.co.uk
AN ISLAND ODYSSEY
COMET
OXFORD HISTORY OF THE CLASSICAL WORLD
POSTER TO POSTER
SCOTLAND
NAPOLEON'S ARMY IN RUSSIA
Robespierre
URSULA LE GUIN
Stones

# Die Kraft der Pflanzen

## 56 Mono Cafe Bar

Als 2002 das erste vegane Restaurant der Stadt eröffnete, war diese Art der Ernährung noch eine Seltenheit. Vegetarisch ja, aber komplett ohne Eier und Milchprodukte? Das war den meisten doch einen Schritt zu weit. Die Mono Cafe Bar war ein Vorreiter, ein Pionier einer Bewegung, von der niemand erahnen konnte, wie viele Menschen schon bald auf dem Zug aufspringen würden. Craig Tannock, dem Besitzer der Mono Cafe Bar, ging es damals weniger um die Erhaltung von Tierrechten oder den Umweltschutz – heutzutage weit verbreitete Gründe, um auf Fleisch, Milch & Co. zu verzichten –, sondern um Subkultur. Er wollte etwas Neues ausprobieren. Anders sein und damit für alternatives Glück sorgen. In der Küche zaubert sein Team seither köstliche Speisen ohne Tierprodukte. In der Mikrobrauerei wird schmackhaftes Bier gebraut. Auf der Bühne stehen lokale Helden und internationale Musiker. Hier kann man einfach nur glücklich sein.

**TIPP**
Mit der App „Happy Cow" findet man immer die neuesten veganen Restaurants der Stadt.

Was die vegane Küche angeht, ging Tannocks Rechnung voll auf. Immer mehr Menschen entscheiden sich, ohne Tierprodukte auszukommen. Glasgow ist laut zahlreicher Umfragen eine der besten britischen Städte für Veganer. Zu den über 20 veganen Lokalen gesellen sich unzählige Restaurants, die pflanzliche Alternativen auf der Speisekarte haben. Glasgow ist eine Hochburg der veganen Küche und Mono ist nach wie vor fester Bestandteil des Inventars. Doch nicht nur Veganer lieben es, hier einzukehren, auch Fleischesser erfreuen sich an der innovativen Küche, von kalorienreichem *comfort food* und leckeren schottischen Klassikern bis hin zu gesunden Alternativen und aufregender Weltküche. Der Erfolg gibt Tannock recht: Er betreibt inzwischen drei weitere vegane Restaurants in Glasgow (Stereo, The 78 und The Flying Duck), und sie alle verbinden gutes Essen mit Livemusik und entspannter Stimmung. Ob bei Schlechtwetter im bunten Lokal oder bei strahlendem Sonnenschein auf der hübschen Terrasse – ein Besuch bei Mono lässt wahre Foodie-Herzen höherschlagen.

- Mono, 12 Kings Court, Glasgow G1 5RB, Tel. +44 553 2400
  www.monocafebar.com
- ÖPNV: Bahn von Central bis Haltestelle Argyle Street

MONO
TRADE MARK
Heineken
TRADE MARK
Heineken

# Ein Architektentraum

## 57 House for an Art Lover

Im Jahr 1901 nahmen Charles Rennie Mackintosh und Margaret MacDonald am deutschen Architekturwettbewerb „Haus eines Kunstfreundes“ teil. Ihr Beitrag traf jedoch zu spät beim Magazin ein, ihre Zeichnungen waren unvollständig, und so wurden sie disqualifiziert. Die Schiedsrichter konnten dem modernen Charme des Glasgower Designduos trotzdem nicht widerstehen und lobten sie für ihre herausragende künstlerische Leistung. Im viktorianischen Schottland war ihr innovativer minimalistischer Stil seiner Zeit voraus, im Jugendstil-lastigen deutschsprachigen Raum war er ein Hit. Doch wie es oft so ist mit Architekturpreisen – der Entwurf war eben nur das, eine Idee. Das Haus eines Kunstfreundes blieb ein Traum aus Papier und Bleistiftstrichen, der nach und nach in Vergessenheit geriet.

TIPP

Lust auf Natur? Das Haus ist umgeben von den Wäldchen und Blumenwiesen des Bellahouston Park.

Doch niemand hatte mit Graham Roxburgh gerechnet. Während eines Auftrags in der von Mackintosh entworfenen Craigie Hall verliebte sich der Bauingenieur in den einzigartigen Stil des Architekten. Er wühlte im Archiv, stieß auf die Zeichnungen des Hauses und beschloss, sie zu verwirklichen. Seine Idee traf auf offene Ohren, und so begannen 1989, fast 90 Jahre nachdem es entworfen wurde, die Bauarbeiten am House for an Art Lover. Mehrere Architekten kamen zusammen, um die künstlerischen Zeichnungen von Mackintosh und MacDonald in technische Baupläne umzuwandeln. Der Originalentwurf enthielt neben vielen Details auch zahlreiche Lücken, die sie mit Fantasie und Logik schließen mussten. Mackintosh-Experten wurden eingebunden, um sicherzustellen, dass das Haus getreu seinem Stil nachempfunden wurde. Das House for an Art Lover wurde 1996 feierlich eröffnet und bietet heute Platz für Veranstaltungen aller Art. Besucher können es selbstständig erkunden und per Audioguide mehr über die verschiedenen Designelemente erfahren. Es ist ein großes Glück, dass Roxburgh damals die Zeichnungen entdeckte. Ohne ihn wäre die Stadt ein Gesamtkunstwerk ärmer!

- House for an Art Lover, 10 Dumbreck Road, Glasgow G41 5BW, Tel. +44 141 483 1600, www.houseforanartlover.co.uk
- ÖPNV: First Bus 9, 9A, 10 bis Haltestelle Dumbreck Road

# Amors Spielplatz

## 58 Der Barrowland Ballroom

Kaum ein Ort verkörpert die Glasgower Lebensfreude so sehr wie der Barrowland Ballroom. Der Tanzsaal wurde 1934 von der „Barras-Königin“ Maggie McInver eröffnet und entwickelte sich schnell zum führenden Tanzclub Schottlands. Mit dem elastischen Schwingboden und wöchentlicher Livemusik traf Maggie den Nagel auf den Kopf und bereitete den Weg der Stadt zur Musik-Metropole. Das Gebäude musste nach einem verheerenden Feuer im Jahr 1958 neu aufgebaut werden, doch der Ballroom wurde dadurch nur noch stärker in das Kulturbewusstsein der Glasgower eingebunden. Kaum ein Bewohner der Stadt blieb vom Zauber des Ballrooms unberührt. Je nach Alter erzählen sie von Großeltern, die hier gemeinsam das Tanzbein schwangen, oder Eltern, deren Herzen beim Schunkeln höherschlugen. Oder sie schwelgen selbst in Erinnerungen daran, wie sie ihre Lieblingskünstler zum ersten Mal auf der Bühne sahen.

Über die Jahrzehnte hinweg hat sich der Barrowland Ballroom vom nostalgischen Tanzsaal zu einer ikonischen Konzerthalle entwickelt. Auf der Bühne standen alle, von lokalen Helden wie Franz Ferdinand oder den Simple Minds bis zu internationalen Größen wie Oasis, David Bowie und Blondie. Auch heute noch zählt der Ballroom zu den Lieblingskonzerthallen vieler Bands und Musiker. Künstler der verschiedensten Musikrichtungen singen Lobeshymnen auf ihn – manchmal wortwörtlich, wie im Falle von Amy Macdonalds Song „Barrowland Ballroom“. Die ausgezeichnete Akustik verdankt die Halle den Schallschluckplatten an der Decke, die der Sänger Billy McGregor in den 1930er-Jahren einbauen ließ. Auch die heutige Generation schätzt das Angebot des Barrowland Ballroom. Doch nicht nur die Musik hat den Ballroom in Glasgows Herzen verankert, auch die sternenbedeckte Decke der Halle und das unverwechselbare Neonschild, das an Veranstaltungsterminen in schimmernden Farben erleuchtet und Konzertbesuchern den Weg weist. Hier einen Abend zu verbringen, ist eine Art Initiationsritus zum Glasgower Glück.

**TIPP**

Der bunte Album Pathway im Barrowland Park verewigt die Künstler, die im Ballroom musiziert haben.

- Barrowland Ballroom, 244 Gallowgate, Glasgow G4 0TT, Tel. +44 141 552 4601, barrowland-ballroom.co.uk
- ÖPNV: First Bus 2, 60, 60A, 61 bis Haltestelle Ross Street

Barrowland

# Die geheime Burg

59

## Crookston Castle

Kaum ein Anblick ist romantischer als eine mittelalterliche Burgruine. Geschichten von Rittern, die um die Gunst einer Prinzessin werben, Festsäle voller Tanz und Gelächter, lange Gewänder und fleißige Köche: Das sind die Bilder, die die Ruine des Crookston Castle beschwört. Ja, auch Glasgow hat eine Burg. Sie mag zwar nicht so berühmt und prominent sein wie die Festungen von Stirling oder Edinburgh, doch wenn es um geschichtlich bedeutende Burgen geht, kann Crookston durchaus mit den ganz großen mithalten.

Die Burg wurde im 15. Jahrhundert für niemand Geringeren als die Stewarts of Darnley errichtet, einen Zweig der Königsfamilie. In der Mitte steht ein beeindruckender Wohnturm, wie er damals Macht, Status und Reichtum signalisierte. Rundherum sind kleine Ecktürme angeordnet, in denen sich die Schlafgemächer der Familie befanden – eine architektonische Besonderheit, wie sie sich in Schottland kaum ein zweites Mal findet. Die Lage hingegen ist typisch für Festungen dieser Art: Sie liegt auf einem Hügel, mit freiem Blick auf das umliegende Anwesen. Wer heute durch die dicht besiedelte Wohngegend von Crookston läuft, kann sich kaum vorstellen, dass die Region bis ins 20. Jahrhundert eine ländliche Idylle war. Die Burg ist damit eine angenehme Überraschung und eine gute Gelegenheit, Glasgow abseits der Touristenpfade zu erkunden.

Und dabei stolpern wir auf eine uralte Liebesgeschichte, die schon den Dichter Sir Walter Scott zum Träumen anregte. Der berühmteste der Stewarts of Darnley war Henry Stuart, Lord Darnley, der zweite Ehemann von Mary Queen of Scots alias Maria Stuart. Der Legende nach hielt Henry unter einer knorrigen Eibe um Marys Hand an, und wenn man Scotts Glauben schenkt, stand diese Eibe auf dem Gelände ebenjener Burg, die Henrys Familie gehörte. Ob es tatsächlich dieser Baum war oder eine der anderen uralten Eiben der Region, bleibt wohl für immer ein gut gehütetes Geheimnis. Doch nicht so die Burg von Crookston – die ist für alle da.

TIPP

Ebenso idyllisch ist der benachbarte Rosshall Park mit alten Ruinen und einer bezaubernden Grotte.

- Crookston Castle, 170 Brockburn Road, Glasgow G53 5RY, Tel. +44 141 883 9606 www.historicenvironment.scot
- ÖPNV: Bahn von Central bis Haltestelle Crookston

# Nächster Halt: Vietnam

## 60 Lecker essen im Hanoi Bike Shop

Reisen und Essen – zwei Tätigkeiten, die wohl die meisten Menschen glücklich machen. Die Glasgower Restaurantszene hat dieses Rezept längst perfektioniert. Ob russisch, persisch oder äthiopisch – in den Küchen der Stadt brutzeln hervorragende Speisen aus aller Welt, die die Gäste auf eine genussvolle Weltreise einladen. Das kulinarische Reisefieber packte auch Colin Clydesdale, als es ihn als jungen Mann nach Südostasien verschlug. Das Essen haute ihn schlicht von den Socken. Erst die indischen Currys, dann die raffinierte Leichtigkeit, mit der Thailänder selbst am Straßenrand Gourmetküche auftischen. Als er letztendlich in Vietnam landete, war es um ihn geschehen: Gesund, kreativ und tief in der Kultur verankert – so erlebte der Glasgower Restaurateur die vietnamesische Küche. Und diese Faszination ließ ihn nicht mehr los.

TIPP

Die übrigen Läden in der Ruthven Lane sind Fundgruben für Vintage-Mode und Musik, und die Architektur ist sehr fotogen.

Mehrere Reisen nach Vietnam später eröffnete er schlussendlich den Hanoi Bike Shop, ein kleines Restaurant, das gut versteckt in einer charmanten Seitengasse des Glasgower West Ends liegt. Hier wird vietnamesisch gekocht, und zwar so nahe wie möglich am Originalrezept. Von authentischer Pho-Suppe bis zu Nudelgerichten und knackigem Gemüse: Traditionelle Zutaten werden mit saisonbedingten Spezialitäten wie Wildfleisch oder Bärlauch kombiniert. Der Tofu wird täglich frisch zubereitet und begeistert Vegetarier genauso wie Fleischesser. Teilen ist nicht nur erlaubt, es gehört quasi dazu. Und wer sich nicht entscheiden kann, sollte die „Banquet Experience" probieren und sich von der Auswahl der Küche überraschen lassen.

Doch nicht nur die Kulinarik lässt die Herzen höherschlagen: Das Restaurant ist ein Fest für alle Sinne. Draußen an der Wand stehen alte Fahrräder, Wandgemälde erinnern an die Gassen von Hanoi, Fähnchen flattern im Wind, Blüten hängen von der Balustrade. Drinnen leuchten farbenfrohe Lampions, und die Wände strahlen farbenfroh. Wer hätte gedacht, dass sich Glasgow so sehr wie Vietnam anfühlen kann. Hanoi, wir kommen!

- Hanoi Bike Shop, 8 Ruthven Lane, Glasgow G12 9BG, Tel. +44 141 334 7165 www.hanoibikeshop.co.uk
- ÖPNV: U-Bahn bis Haltestelle Hillhead

BUILD YOUR OWN PHO

# Farbenfrohe Gassen

## 61 Der City Centre Mural Trail

Graue Giebel, fensterlose Feuerwände, leere Gassen und dunkle Unterführungen – all das strahlt nicht unbedingt Glück aus. Doch für Graffitikünstler liegt gerade in diesen Orten das größte Potenzial. Street-Art bringt Farbe in die Stadt, macht dunkle Ecken freundlicher und zieht Besucher an. Von New York bis Bangkok, von Melbourne bis Rio: Rund um die Welt sind Metropolen für ihre farbenfrohen Graffiti und *murals* – Wandgemälde – bekannt. Dieses Potenzial erkannte auch die Glasgower Regierung, und seit 2008 beauftragt sie Künstlerinnen und Künstler damit, graue Ecken der Stadt mit Farbe aufzufrischen.

Der City Centre Mural Trail besteht inzwischen aus zahlreichen großflächigen *murals* von hiesigen und internationalen Künstlern wie dem Wahl-Glasgower Sam Bates, der als SMUG bekannt ist, oder dem Australier Stormie Mills, dessen „Lost Giants" Wände auf der ganzen Welt verzieren. Mit der Unterstützung der Kunstgalerie Art Pistol bringt die Stadt lokale Immobilienbesitzer und Geschäftsleute, die leer stehende Wände zur Verfügung haben, mit Street-Artists zusammen, die ihr Talent zur Schau stellen möchten. Laufend kommen neue Kunstwerke hinzu, die lokale Legenden illustrieren, berühmte Töchter und Söhne der Stadt feiern oder den Lebensgeist der Glasgower einfangen. St. Mungo und Charles Rennie Mackintosh sind genauso auf dem Mural Trail verewigt wie Glasgows Freude am Tanzen.

Besucher kommen so an Orte der Stadt, die sie sonst wohl nicht besucht hätten, von einer Unterführung am Hauptbahnhof bis zur engen Mitchell Lane. Um es ihnen einfacher zu machen, entwickelte die Stadt eine Broschüre mit einer Karte der Murals sowie Information zu nahe gelegenen Attraktionen, Restaurants und Pubs. Damit können Kunstbegeisterte ganz nebenbei auch die Stadt erkunden. Ein besonderes Highlight des Mural Trail ist SMUGs Gemälde „Honey … I shrunk the kids". Es zeigt eine junge Frau, die mit einer Lupe die Straße beobachtet und ihre Hand nach nichts ahnenden Passanten ausstreckt. Wer im richtigen Moment abdrückt, fährt mit einem großartigen Foto nach Hause.

**TIPP**

Auf der Webseite des Mural Trail gibt es eine Audio-Tour mit Geschichten zu den Glasgower Murals.

● Glasgow City Centre Mural Trail
www.citycentremuraltrail.co.uk

SG16 SBO
TO LET

# Unterhaltung von gestern

62

## Die Britannia Music Hall

Glasgow musste sich mehrmals neu erfinden. Im 18. Jahrhundert verwandelte der Tabakhandel mit den amerikanischen Kolonien die einst provinzielle Kleinstadt in eine internationale Metropole. Ein neues Stadtzentrum musste her, und viele historische Gebäude wurden abgerissen, um Platz zu schaffen und Baumaterialien zu erhalten. Als 200 Jahre später die Werften und Fabriken Glasgows ausstarben, musste die Stadt erneut umdenken, und verlassene Industriestätten wichen modernen Büros, Hotels und Museen. Doch einige wenige Ikonen der Vergangenheit trotzen den Veränderungen. Die Britannia Music Hall ist ein solches Juwel, das den Tumult des 20. Jahrhunderts relativ unversehrt überstand. Sie ist das älteste überlebende Varietétheater der Welt und war eines der ersten Kinos Schottlands. Ab 1857 bot sie der immer weiter wachsenden Arbeiterklasse der Stadt eine kunterbunte Mischung der Unterhaltung. Musik, Schauspiel, Tanz, Comedy, Film und sogar Boxen standen auf dem Programm. Parodien und Imitatoren, die berühmte Persönlichkeiten nachahmten, waren besonders beliebt. Im Dachgeschoss richtete der Theaterbetreiber A. E. Pickard Schießbuden, Spielautomaten und ein Gruselkabinett ein, im Keller eröffnete er einen Zoo namens Noah's Ark. Seiner Fantasie waren kaum Grenzen gesetzt, und so wurde aus der Music Hall das Britannia Panopticon – frei nach der griechischen Bedeutung des Wortes gab es hier „alles zu sehen". Zu den bemerkenswerten Künstlern, die hier auftraten, zählte auch Stan Laurel, der hier 1906 sein Bühnendebüt gab, lange bevor er an der Seite seines Comedy-Partners Oliver Hardy weltberühmt wurde. Eine Tafel am Gebäude erinnert an diesen geschichtsträchtigen Moment. Doch der Konkurrenzdruck wuchs: Als das Panotpicon 1938 schloss, gab es in Glasgow bereits 130 Kinos. Wie durch ein Wunder hat das Gebäude überlebt und wird heute von einer Stiftung in Schuss gehalten. Auch Veranstaltungen gibt es heute im Britannia Panopticon wieder und ermöglichen eine Reise durch die Zeit.

TIPP

Führungen durch das Britannia Panopticon sind nach Voranmeldung möglich.

● Britannia Panopticon, 117 Trongate, Glasgow G1 5HD, Tel. +44 141 553 0840
www.britanniapanopticon.org
● ÖPNV: First Bus 2, 18, 60, 60A, 61, 64 bis Haltestelle Candleriggs

# Dear Green Place

## 63 Der Clyde Walkway

Haben Flüsse eine Persönlichkeit? Der Fluss Clyde, der durch das Stadtzentrum von Glasgow fließt, sieht auf den ersten Blick nicht sonderlich einladend aus. Schnurgerade Böschung, trübes Wasser und viele Betonbauten am Flussrand. Doch je weiter man an seinem Ufer entlangspaziert, desto grüner wird es. Das zunächst komplett begradigte Ufer schlängelt sich immer mehr von links nach rechts, und die starren grauen Betonbauten weichen großflächigen grünen Parks.

Ein Spaziergang am Clyde Walkway führt von den historischen Industriezentren in Govan und Partick zu den Grünflächen von Glasgow Green, Richmond Park und Cuningar Loop. Der komplette Wanderweg führt über 65 Kilometer von der Stadt bis zum atemberaubenden Wasserfall „Falls of Clyde" nahe New Lanark und kann in vier bis fünf gemütlichen Tagesetappen gewandert werden. Doch bereits auf dem ersten, innerstädtischen Abschnitt wird eines klar – der gälische Name Glasgows, „Glaschu", bedeutet nicht umsonst „schöner grüner Ort". Trotz seiner industriellen Vergangenheit ist Glasgow nach wie vor eine grüne Stadt.

Bei Glasgow Green angelangt, lohnen sich ein Abstecher in den Park, ein Besuch des People's-Palace-Museums und eine Einkehr im Biergarten der West Brewery. Genauso schön ist es aber, am Flussufer ein Bänkchen zu finden – zum Beispiel zwischen der King's Bridge und dem Bootshaus der Universität. Von hier kann man dem Treiben auf dem Wasser zusehen. Der hiesige Ruderverein trainiert in Einern, Zweiern und Vierern für das nächste Rennen. Graureiher waten durch das seichte Wasser auf der Suche nach Beute. Flussabwärts steht die blitzblaue St Andrews Suspension Bridge, und dahinter thront der spitze Obelisk des Nelson Monument. Der Lärm der Straßen tritt in den Hintergrund und wird immer leiser. Hier am Ufer des Clyde gerät der Trubel der Stadt in Vergessenheit, und selbst die größten Fans der Industriearchitektur werden zu Naturliebhabern, die hier gerne die Seele baumeln lassen.

**TIPP**

Das kleine Café Coffee on the Green ist nur 5 Gehminuten von diesem Bänkchen entfernt.

- Clyde Walkway: Aussichtspunkt nahe King's Bridge, Glasgow G40 1HB
- ÖPNV: First Bus 65 bis Haltestelle Football Centre

# Dreikäsehoch

## 64 Die Scottish Macaroni Appreciation Society

Menschen schwören allen möglichen Dingen ihre Treue, sei es einer Flagge, der Verfassung, der Kirche oder dem Staat. Doch die Glasgower nehmen das Leben nicht ganz so ernst und legen ihren „Fahneneid" lieber zugunsten einer leckeren Spezialität ab: *mac and cheese.* Jeden Monat treffen sich die Mitglieder der Scottish Macaroni Appreciation Society im alteingesessenen Pub Sloans, um gemeinsam Makkaroni und Käse zu essen. Bei jedem Treffen gibt es drei verschiedene Varianten zum Verkosten. Zwei Klassiker nach allseits beliebten Rezepten und einen *„mystery pot"*, dessen Zutaten von den Anwesenden erschmeckt werden müssen. Dabei kann das Küchenteam seine ganze Kreativität ausleben. Von *mac and cheese* mit Bratensoße bis zu glitzernden Einhornmakkaroni – immerhin das schottische Nationaltier – ist hier alles dabei.

Um mitzumachen, sind glücklicherweise keine Initiationsriten à la Makkaroni-Wettessen notwendig, doch die Tickets für das monatliche Event sind heiß begehrt und immer schnell ausverkauft. Die eifrigen Makkaronifans beginnen den Abend stets mit einem Treuegelöbnis an *„all things macaroni"* und beenden ihn selig mit vollen Bäuchen.

Wer dann noch stehen kann, kehrt in der Bar von Sloans ein und spült die Käsenudeln mit einem Pint Bier oder einem Dram Whisky hinunter. Der Pub ist die älteste Bar in Glasgow. Seit 1797 werden hier Durstlöscher serviert. Ursprünglich war Sloans ein Kaffeehaus, das für seine wöchentlichen Hahnenkämpfe bekannt war. Als David Sloan das Etablissement übernahm, gab er ihm jedoch nicht nur seinen Namen, sondern auch eine neue Ausrichtung. Er verwandelte den Dachboden in einen grandiosen Ballsaal, der heute noch für Verlobungsfeiern und Hochzeiten gemietet werden kann. Das Interieur des Pubs stammt ebenfalls noch aus jener Zeit und verleiht dem Sloans einen Hauch Nostalgie. Dass hier die Zeit allerdings nicht stillsteht, beweisen schrullige neue Traditionen wie die Macaroni Appreciation Society. Glück geht eben mit der Zeit!

TIPP

Sloans veranstaltet regelmäßige Kino-Abende und Ceilidhs, bei denen das Tanzbein geschwungen wird.

● Sloans, 108 Argyle Street, Glasgow G2 8BG, Tel. +44 141 221 8886
www.sloansglasgow.com
● ÖPNV: U-Bahn bis Haltestelle St Enoch

# Auf Schnäppchenjagd

## 65 Der legendäre Barras Market

In Kisten wühlen, über unverhoffte Schätze stolpern, feilschen, bis es nicht mehr geht, und mit echten Glücksgriffen nach Hause gehen – Trödelmärkte sind ein Paradies für Schnäppchenjäger. Ob Flohmarkt, Vintage-Mode oder anspruchsvolle Designs, am berühmten Barras Market stoßen diese Welten aufeinander und bilden ein Mosaik aus klapprigen Marktständen, schrulligen Buden und exzentrischen Händlern. Von antiken Möbelstücken und Secondhand-Fahrrädern über Stoffe als Meterware bis hin zu Arbeitskleidung – hier gibt es nichts, das es nicht gibt.

Seit 1921 versammeln sich hier Woche für Woche Kaufleute, um ihre Waren feilzubieten. Ursprünglich taten sie dies mit hölzernen Handkarren, sogenannten *barrows*, von denen der Markt seinen Namen hat. Doch dann errichteten James und Margaret McIver rund um ihren Tanzsaal, den Barrowland Ballroom, zahlreiche Markthallen, die sich schnell mit umtriebigen Händlern füllten. Geschäfte kamen und gingen; was blieb, ist die Treue der Stadt zu ihrem zusammengeschusterten Wochenendmarkt. Als immer mehr Geschäftslokale leer blieben, steckten die Glasgower ihre Köpfe zusammen. Ihre Lösung ist eine Neuerfindung des Marktes. Neu und Alt sollen nicht nur nebeneinander, sondern auch miteinander die neue Ära der Barras mitgestalten. Die ikonischen roten Eingangstore des Marktes bekamen einen frischen Anstrich.

Neben den inhabergeführten Geschäften befindet sich hier nun auch ein neues Designzentrum, das Barras Art and Design, kurz BAaD, das kleine Boutiquen, Arbeitsplätze für Künstler, ein preisgekröntes Fischrestaurant und Veranstaltungsräume für Hochzeiten beheimatet. Draußen belebt bunte Street-Art die grauen Wände der Marktstraßen. Ein besonderes Highlight ist der Square Yard, wo es Vintage-Kleidung, Schnickschnack und ein traditionelles Café gibt. Doch trotz dem frischen Wind bleibt der Barras Market seinen Wurzeln treu. Neben Schnäppchen und Schätzen gibt es hier vor allem eines: eine gesunde Portion Glasgower Charme und Humor.

TIPP

Im BAaD Container Yard finden regelmäßig Märkte mit lokalem Design, Street Food und Livemusik statt.

● The Barras Market, 242 Gallowgate, Glasgow G1 5DX, Tel. +44 141 5524 601
www.theglasgowbarras.com
● ÖPNV: First Bus 2, 60/60A, 61 bis Haltestelle Ross Street

outrider
SWORD

# Ein Herz aus Zelluloid

66

## Das Glasgow Film Theatre

„World War Z“, „Cloud Atlas“, „The Fast and the Furious“, „Outlander“, „Indiana Jones“ – diese Filme und Serien haben alle eines gemeinsam: Sie wurden, zumindest teilweise, in Glasgow gedreht. Glasgow ist durch und durch eine Filmstadt und bietet Produktionsteams eine flexible und abwechslungsreiche Kulisse. Die breiten Straßen des schachbrettartigen Stadtzentrums sehen denen amerikanischer Großstädte zum Verwechseln ähnlich. Im richtigen Kamerawinkel wirken die Stadtparks wie die Highlands. Doch auch Filmliebhaber, die mehr am fertigen Produkt interessiert sind, kommen in der Stadt auf ihre Kosten. Glasgow blickt zurück auf eine lange Kino-Tradition. In den 1930er-Jahren gab es gar 130 Lichtspielhäuser in der Stadt, und die Mitgliederzahl der Film Society of Glasgow wuchs stetig. Die Glasgower gingen im Durchschnitt mehr als zweimal so oft ins Kino wie die Engländer. Ihr Appetit auf bewegte Bilder war kaum zu stillen. Aus jener Zeit stammt auch Glasgows ältestes Kino, das Glasgow Film Theatre. 1939 entdeckte der geschäftige Kinobetreiber George Singleton eine Marktlücke: Kino abseits des Mainstreams. Mit dem „Cosmo“ eröffnete er das erste unabhängige Programmkino der Stadt. In dem markanten Art-déco-Gebäude fanden internationale, fremdsprachige und Avantgarde-Filme ein Zuhause. In den Siebzigern wechselte das Kino den Besitzer, bekam seinen heutigen Namen und erweiterte sein Repertoire, um eine breitere Masse anzusprechen.

Heute bietet das Kino ein abwechslungsreiches Programm in drei Kinosälen und eine entspannte Bar. Neben Independent-Streifen werden hier die neuesten Hollywoodfilme gezeigt, nostalgische Klassiker, ein buntes Filmerziehungsprogramm und Live-Übertragungen vom National Theatre und der Royal Shakespeare Company. Das alljährliche Glasgow Film Festival bringt Weltpremieren und Stars in die Stadt. Doch von Mainstream kann hier trotzdem nicht die Rede sein, denn das Glasgow Film Theatre und seine Stammkunden haben eines gemeinsam: ein Herz aus Zelluloid.

● Glasgow Film Theatre, 12 Rose Street, Glasgow G3 6RB, Tel. +44 141 332 6535
www.glasgowfilm.org

● ÖPNV: U-Bahn bis Haltestelle Cowcaddens; First Bus 3, 4 bis Haltestelle Dalhousie Street

GFT
Glasgow Film Theatre

# Reich und schön

## 67 Die Merchant City

Entspannt von Café zu Café schlendern, hier und da zu einer Tasse Kaffee einkehren und das Treiben auf den Straßen beobachten. Menschen mit bunten Einkaufstüten, Musikanten mit Gitarre oder Dudelsack. Touristen, die neugierig Speisekarten studieren oder begeistert die Architektur betrachten … Die Merchant City ist ein Stadtteil, der einen staunen lässt. Das Viertel erstreckt sich in etwa vom zentralen Royal Exchange Square bis zur High Street, der ältesten Straße Glasgows, die im Mittelalter ein umtriebiger Handelsplatz war. Nachdem es mit dem Stadtteil im 20. Jahrhundert immer weiter bergab ging, griff die Regierung letztendlich ein. Sie revitalisierte die Gegend, renovierte historische Gebäude und verwandelte die Merchant City in einen der angesagtesten Bezirke der Stadt.

Ein Spaziergang durchs Viertel beginnt am neoklassischen Gebäude der Gallery of Modern Art – kaum zu glauben, dass William Cunninghame es einst als sein städtisches Wohnhaus errichten ließ. Er war einer der sogenannten *tobacco lords,* die ihren Reichtum durch den rücksichtslosen Handel mit Waren und Menschen in den britischen Kolonien anhäuften. Die reichen Händler errichteten im neu angelegten Stadtzentrum Glasgows ihre Prachtbauten. Banken, Warenhäuser und kunstvolle Fassaden: Hier zeigte sich der Überfluss der Stadt. Vorbei am luxuriösen Corinthian Club und dem weißen Uhrturm des ehemaligen Hutcheson's Hospital geht es entlang der Ingram Street bis zum gigantischen Wandgemälde „Fellow Glasgow Residents" des Graffitikünstlers SMUG. Von hier legt man einen kurzen Abstecher zum Merchant Square ein, einer überdachten Galerie mit Restaurants, Bars und kleinen Boutiquen. Nebenan befindet sich mit dem Old Fruitmarket ein erstklassiger Veranstaltungsort. In den Gassen befindet sich ein Restaurant neben dem anderen. Am besten Leute beobachten lässt sich hier beim alljährlichen Merchant City Festival – dann herrscht hier pure Karnevalsstimmung, und das Glück im Viertel steckt alle an.

TIPP

Sonntags findet im Merchant Square von 12 bis 18 Uhr ein Handwerks- und Designmarkt statt.

- Merchant City, Glasgow G1
- ÖPNV: U-Bahn bis Haltestelle Buchanan Street, Bahn von Queen Street bis Haltestelle High Street

# Tönende Stadt

## 68 Glasgows Straßenmusiker

Das Herz Glasgows schlägt für die Musik. Die Konzerthallen, Clubs und Pubs der Stadt sind erfüllt von Klängen aus aller Welt – von traditionell schottischer Folkmusik über klassische Oper bis zu modernen Pop- und Rockhymnen. In Glasgow mangelt es nie an musikalischer Unterhaltung. Doch die Musik schallt auch durch die Straßen. Die Stadt ist berühmt für ihr besonders hohes Kaliber an Straßenmusikanten, die entlang der umtriebigen Einkaufsstraßen (Sauchiehall Street, Buchanan Street und Argyle Street) musizieren. Obwohl es die meisten Leute zum Shoppen in die Innenstadt zieht, stehen sie am Ende doch oft im Bann der sogenannten *buskers.* Von hochkonzentrierten Dudelsackspielern bis zu komplett ausgerüsteten Bands mit E-Gitarren und Verstärkern – hier ist für alle etwas dabei. Und da sich die Künstler ständig abwechseln und unterschiedliche Standorte beziehen, gibt es immer wieder etwas Neues zu entdecken. Viele junge Musiker sammeln auf der Straße ihre erste „Bühnenerfahrung“ und verfeinern auf dem Pflaster der Innenstadt ihre musikalischen Fähigkeiten. Vor allem Studierende des renommierten Konservatoriums nutzen jede Gelegenheit, ihre musikalischen Fähigkeiten auszubauen. Die Band Clanadonia, die mit Trommeln und Dudelsäcken schottische Rhythmen ins Stadtzentrum bringt, zieht oft die größten Menschenmengen an. Auch richtige Showmänner finden sich unter den Straßenmusikern. Einer ist der Techno Tin Bin Man, der mit größter Begeisterung auf einem selbst gebauten Schlagzeug trommelt; wie der Name erahnen lässt, handelt es sich dabei um umgedrehte *tin bins* – Mülleimer. Obwohl sich an seiner Kunst die Geister scheiden, ist der Techno Tin Bin Man fast so etwas wie eine Ikone der Stadt geworden und ist aus der Straßenmusikanten-Szene nicht mehr wegzudenken. Kaum jemand verkörpert die Lebenslust und Vielfältigkeit Glasgows so wie die *buskers.* Und kaum etwas ist so befreiend, wie zu ihren rhythmischen Klängen auf der Straße zu tanzen. Oder zumindest mitzuwippen.

- Sauchiehall Street, Buchanan Street, Argyle Street, Glasgow
- ÖPNV: U-Bahn bis Haltestelle Buchanan Street oder St Enoch

ALTO

# It's five o'clock!

## 69 Der Hidden Lane Tearoom

Eine Kanne Earl Grey, dazu süße Scones mit Sahne, verschiedene kleine Küchlein und ein paar herzhafte Sandwiches – die hübsche Etagere ist vor lauter Leckereien kaum zu sehen. Einst war der *afternoon tea* der reichen Oberschicht vorbehalten, doch heutzutage erfreuen sich immer mehr Menschen an dieser vorzüglichen Tradition. Egal ob mit einem Glas Prosecco oder ganz traditionell nur mit einer heißen Tasse Tee, um *five o'clock* heißt es: „Zu Tisch!"

Eine der besten Adressen für den Nachmittagstee in Glasgow ist der Hidden Lane Tearoom. Hier werden süße und pikante Köstlichkeiten auf Vintage-Geschirr aufgetischt. Romantische Porzellantassen mit rosa Blümchen und Goldverzierungen, farbenfrohe Teller, die einfach Glück ausstrahlen: Keine Tasse gleicht der anderen. Jedes Häppchen offenbart weitere Design-Details. Auf der Speisekarte befinden sich alle Klassiker eines traditionellen *afternoon tea:* Victoria Sponge Cake, hausgemachte Scones mit Früchten oder Käse, *clotted cream* (eine Mischung aus Butter und Sahne), kleine Brioches, gefüllt mit Cheddar, geräuchertem Lachs und geschälten Gurkenscheiben. Doch auch weniger traditionelle Gelüste werden hier erfüllt – mit Pancakes, Waffeln und typisch schottischem Rührei. Und dann wären da noch über 30 Teesorten.

### TIPP

Zahlreiche Künstler der Hidden Lane bieten Workshops an. Mehr Informationen gibt's auf thehiddenlaneglasgow.com.

Ob alleine, mit Freunden oder Familie: Das Teehaus ist ein Ort zum Genießen. Mit seiner eklektischen Auswahl und einzigartigen Vintage-Ausstattung passt der Hidden Lane Tearoom ideal in die Nachbarschaft – die Hidden Lane. Bei gutem Wetter kann man dem gemütlichen Treiben von einem Tisch auf der sonnigen Gasse aus zusehen. Der kleine Innenhof ist eine Oase der Ruhe, fernab vom Stress der verkehrsreichen Argyle Street, aber auch ein Ort der Kreativität. In den kleinen, farbenfrohen Gebäuden befindet sich eine bunte Mischung aus Künstlerateliers, Shops und Studios. Von Schmuckdesignern und Musikern bis zum Bikram-Yogastudio ist da alles dabei. Den Besuch im Tearoom kann man also mit einer Portion Souvenir-Shopping abrunden – wenn das nicht glücklich macht!

- Hidden Lane Tearoom, 1103 Argyle Street, Glasgow G3 8ND, Tel. +44 141 237 4391 www.hiddenlanetearoom.com
- ÖPNV: First Bus 2 bis Haltestelle Argyle Street/Kelvingrove Street

# In guter Gesellschaft

## 70 Der Kreuzgang der University of Glasgow

Von Adam Smith und James Watt bis Emeli Sandé und Nicola Sturgeon: Studierende an der University of Glasgow sind in guter Gesellschaft. Die Universität bringt seit Jahrhunderten große Denker, Erfinder, Pioniere und Vorbilder unserer Zeit hervor. Die zweitälteste Universität Schottlands (nur die University of St Andrews ist älter) ist eine der führenden britischen Bildungsinstitutionen. Tausende Studierende absolvieren hier ihre Bachelor-, Master- und Doktoratsstudiengänge, und obwohl ihre Vorlesungen und Seminare verstreut in verschiedensten Gebäuden stattfinden, kreuzen sich ihre Wege doch früher oder später im atemberaubenden Hauptgebäude am Gilmore Hill.

Im September wuselt es vor Neuankömmlingen, die hier ihre Studienausweise abholen oder Campusführungen besuchen. Zweimal im Jahr ziehen Scharen junger Menschen in langen schwarzen Roben durch die Gänge und holen sich in der Bute Hall ihr Abschlusszeugnis ab. Man könnte sie fast mit einem Harry-Potter-Fanclub verwechseln, diente das Universitätsgebäude im gotischen Stil doch als Inspiration für die Zauberschule Hogwarts.

**TIPP**

Führungen zur Architektur und Geschichte der Uni finden dienstags bis sonntags um 14 Uhr statt.

Man müsste schon Tomaten auf den Augen haben, um die Ähnlichkeit zu übersehen, vor allem im wunderschönen Kreuzgang *(cloister)*, der die beiden Innenhöfe der Universität verbindet. Das Gewölbe des Kreuzgangs ruht auf dicken Säulen. Die eiligen Schritte von Studierenden auf dem Weg zur nächsten Vorlesung oder zur Cafeteria hallen noch lange nach, wenn sie bereits die Treppen hinabgestiegen sind. Zwischen den großen Steinbögen herrscht ein weiches Spiel aus Licht und Schatten.

Der Kreuzgang der Universität ist ein Ort, an dem die Zeit stillsteht. Wenn Säulen sprechen könnten, welche Geschichten aus der Vergangenheit würden sie wohl erzählen? Wer eilte bereits durch diese Gänge? Wer lehnte sich an den großen Baum des East Quadrangle und versank stundenlang in einem Buch? Wer schöpfte in der kleinen Kapelle gegenüber Kraft? Das können wir heute nur erahnen.

- University of Glasgow, Glasgow G12 8QQ
- ÖPNV: U-Bahn bis Haltestelle Hillhead

## 71 Der Biergarten von WEST on the Green

Schottland ist das Land des Whiskys und des Ales. Das Letzte, was man hier erwarten würde, ist Bier nach dem deutschen Reinheitsgebot. Und trotzdem ist es genau das, was die Einwohner Glasgows zu WEST on the Green führt: Hier werden Glaswegians zu „Gerwegians".
Das Restaurant der WEST Brewery erinnert an eine bayrische Bierhalle. An der Theke stehen Brezelständer, aus der Küche kommen Currywurst, Jägerschnitzel und Apfelstrudel, und vom Fass gibt es hauseigene Biere namens „Heidi Weisse", „Munich Red" und „Feierabend". Zugegeben, es klingt absurd. Wer fährt schon in den Schottlandurlaub und kehrt dann vor Ort in ein deutsches Restaurant ein? Doch bei WEST on the Green drücken wir gerne ein Auge zu und erfreuen uns am Mischmasch der Kulturen. Typische Pale Ales, geräucherter Lachs und andere schottische Köstlichkeiten dürfen auf der Speise- und Getränkekarte natürlich nicht fehlen. Der Slogan der Brauerei ist nicht umsonst: „Glaswegian Heart, German Head".
Unternehmerin Petra Wetzel verschlug es in den Neunzigern von Bayern nach Glasgow. Das schottische Bier bekam ihr nicht, und so gründete sie kurzerhand ihre eigene Brauerei. WEST ist heute die einzige britische Brauerei, die Bier nach dem deutschen Reinheitsgebot von 1516 braut, und diese Treue hat Wetzel bereits zahlreiche Auszeichnungen eingebracht. 2016 war WEST on the Green sogar „Scotland's Pub of the Year".
Das Gebäude der Brauerei ist genauso bemerkenswert. Das denkmalgeschützte Templeton Building mit seiner roten Backsteinfassade und goldenen Mosaiken erinnert an den Dogenpalast in Venedig. Einst wurden hier Teppiche hergestellt, die dann das Taj Mahal, das Weiße Haus und sogar die „Titanic" zierten. Heute wird eben Bier gebraut.
Der großzügige Biergarten der Brauerei profitiert von seiner sonnigen Westlage – unschlagbar an einem lauen Sommerabend. Hier stehen zweifelsohne die besten Tische von WEST on the Green, und man kann mit Bier und Brezel dem Sonnenuntergang entgegenfeiern.

**TIPP**
Freitag bis Sonntag finden Brauereiführungen statt, wahlweise mit Bierverkostung oder Drei-Gänge-Menü.

● WEST on the Green, 15 Binnie Place, Glasgow G40 1AW, Tel. +44 141 550 0135
www.westbeer.com/westonthegreen
● ÖPNV: Bahn von Central bis Haltestelle Bridgeton

WEST
GLASWEGIAN HEART
GERMAN HEAD
WEST
GLASWEGIAN HEART
GERMAN HEAD

# Queere Literatur

## 72 Category Is Books

Ein Ort, an dem alle willkommen sind, um zu lernen, Inspiration zu finden und liebevoll miteinander umzugehen – wenn das nicht nach Glück klingt! 2018 setzte Schottland die Geschichte und Bedeutung von LGBTI-Bewegungen und ihren Kampf für Gleichberechtigung auf die Lehrpläne der Schulen. Das Ziel ist, gegen Homophobie und Transphobie vorzugehen und damit ein Zeichen der Inklusion zu setzen. In Schottland sollen alle so sein können, wie sie sind – ohne Einschränkungen ihrer menschlichen Freiheit. Natürlich ist dies erst der Anfang, und es braucht nach wie vor Orte, an denen Toleranz nicht nur ein Etikett ist, sondern die sie tatsächlich leben. Category Is Books ist solch ein Ort: ein „leidenschaftlich unabhängiger und queerer Buchladen" – so der Slogan. Die Gründer und Inhaber Charlotte and Fi Duffy-Scott wuchsen in einer Zeit auf, in der öffentliche Einrichtungen wie Schulen oder Arztpraxen überhaupt nicht über Homosexualität aufklären durften. Mit Category Is Books verwirklichten sie sich einen Traum und schufen damit einen Raum, wo sie und andere fernab von Intoleranz und Anfeindungen über queere Kultur lernen und gleichzeitig queere Künstler und ihre Arbeit feiern können.
Trotz all der Schwierigkeiten, die unabhängige Buchläden heutzutage meistens überwinden müssen, ist Category Is Books seit der Eröffnung in 2018 ein großer Erfolg. Es ist der einzige LGBTQIA+-Buchladen in Schottland und wurde somit schnell zum Dreh- und Angelpunkt für die queere Gemeinschaft der Stadt. Wer es sich leisten kann, darf gerne mehr bezahlen, um Bücher für einkommensschwache Leseratten zu finanzieren. Neben dem Buchverkauf bietet Category Is Books ein buntes Programm mit Filmvorführungen, Vorträgen, Schreibwerkstätten, Diskussionsrunden und mehr. Ein Pop-up-Friseursalon und regelmäßige Kleidungstauschbörsen sollen Tätigkeiten des Alltags, die für queere Menschen oftmals zur Strapaze werden, mit einer gewissen Leichtigkeit verbinden. Doch natürlich sind hier alle Menschen willkommen, um zu schmökern, dazuzulernen und Neues zu entdecken.

- Category Is Books, 34 Allison Street, Glasgow G42 8NN, Tel. +44 141 463 4934
www.categoryisbooks.com
- ÖPNV: Bahn von Central bis Haltestelle Queen's Park

TRANS
LIVES ARE
BEAUTIFUL
REST IN POWER
REST IN POETRY

73

## Die botanischen Gärten

Wenn Blumen das Lächeln der Erde sind, muss sich Glasgow in den botanischen Gärten wohl vor lauter Lachen den Bauch halten. Hier sprießen und gedeihen Pflanzen aus aller Welt. Wie eine Farbexplosion tummeln sich die Blümchen in den Beeten, und die Bäume sind übersät mit blühenden Knospen. Farbenfroher Rhododendron, liebliche Primeln, duftende Rosen – hier werden Blumenträume war. Das Herzstück des Gartens ist ohne Zweifel das historische Gewächshaus Kibble Palace, das aus dem späten 19. Jahrhundert stammt.

Der vordere, längliche Teil des Glashauses stand ursprünglich am Ufer der Meeresbucht Loch Long. Ingenieur John Kibble verlegte das Gebäude nach Glasgow und erweiterte es um einen runden Anbau, dessen Glaskuppel bald die Einwohner begeisterte. Ein Besuch des Kibble Palace, der von Gaslaternen erleuchtet wurde, die die Farbe ändern konnten, war ein Spektakel, das sich kaum jemand entgehen ließ. Ursprünglich wurde das Glashaus für Konzerte und andere Veranstaltungen genutzt; im Mai 1874 drängten sich hier bis zu 6000 Menschen, um Predigern aus Amerika zu lauschen. Heute geht es deutlich ruhiger zu. Von den fleischfressenden Venusfliegenfallen im vorderen Bereich des Glashauses abgesehen, können Besucher umgeben von australischen Baumfarnen, Orchideen und dem Geräusch eines rauschenden Fischteichs richtig entspannen.

TIPP

Das Shakespeare-Festival „Bard in the Botanics" bietet im Sommer tolle Open-Air-Theatervorführungen.

Im zweiten Gewächshaus der Gärten ist jeder Raum einer anderen Klimazone gewidmet, und so geht es von der Kaktussammlung mit ihrer heiß-trockenen Luft direkt in den tropischen Regenwald, der in einem hohen Palmenhaus gen Himmel ragt. Der weitläufige Außenbereich des Parks bietet einen Kräutergarten, eine Sammlung wunderschöner Rosen und ein historisches Beet, in dem Pflanzen aus aller Welt in der Reihenfolge angeordnet sind, nach der sie in Schottland eingeführt wurden. Auf den großen Wiesen ist Platz für Picknickdecken, und im Teehaus gibt es süße Köstlichkeiten. Ob Regen oder Sonnenschein, ein Besuch der botanischen Gärten ist ein Fest für die Sinne.

- Glasgow Botanic Gardens, 730 Great Western Road, Glasgow G12 0UE
www.glasgowbotanicgardens.com
- ÖPNV: U-Bahn bis Haltestelle Hillhead

## 74 Die Drygate Brewing Company

„Fire in the Disco", „Take me to the River", „Hazelnut Orinoco" – nein, es handelt sich hierbei nicht etwa um Songtitel berühmter Glasgower Bands, sondern um die kreativen Biere der Drygate Brewing Company. Seit 2014 hält die kleine Craft-Beer-Brauerei im East End von Glasgow den schottischen Biermarkt auf Trab. In einer alten Schachtelfabrik gelegen, ist die Brauerei eine Hommage an die industriell-innovative Vergangenheit der Stadt. Der außerordentliche Erfindergeist der Glasgower brachte der Welt revolutionäre Ideen, vom Ultraschall bis zum Kühlschrank. Heute wird hier eben mit Bier experimentiert. Drygate braut mit offenen Türen und aufgeschlossener Mentalität, so der offizielle Slogan des Unternehmens. Und genau deswegen finden Craft-Beer-Liebhaber hier solch ungewöhnliche Biersorten in den ständig wechselnden Zapfhähnen. Wer sich nicht entscheiden kann, bestellt am besten ein sogenanntes *flight,* bei dem man sich vier beliebige Kostproben zusammenstellen kann.

Das Herzstück der Brauerei ist das moderne Sudhaus, in dem in kleinen Mengen und mit Geheimrezepten gezaubert wird. Durch eine große Glasscheibe können Gäste genau zusehen, was dort vor sich geht. Hier ist man mittendrin. Das Bier darf natürlich auch in der Küche der angeschlossenen Brasserie nicht fehlen: Auf der Speisekarte finden sich schottische Köstlichkeiten, zubereitet mit den besten lokalen Zutaten und abgeschmeckt mit den eigenen Bieren der Brauerei. Die Labels der Bierflaschen werden von hiesigen Künstlern entworfen, und in der modernen Bierhalle im Obergeschoss finden regelmäßig Designmärkte statt. Von Kunst und Vintage bis zu Einrichtungsaccessoires und Geschenkideen zeigt sich hier die Kreativszene der Stadt von ihrer besten Seite. Doch der schönste Ort der Brauerei ist ohne Zweifel der Biergarten auf der lässigen Dachterrasse. Hier schmeckt das Bier am allerbesten – vor allem, wenn die Abendsonne rauskommt und man im Rausch der Stadt den Tag ausklingen lassen kann.

- Drygate Brewing Company, 85 Drygate, Glasgow G4 0UT, Tel. +44 141 212 8815 www.drygate.com
- ÖPNV: Bahn von Queen Street bis Haltestelle High Street

ENNENTS · BEARFACE · FOREST · P-NUT ORINOC

# Weltkulturerbe

## 75 Das UNESCO-Dorf New Lanark

Handel und Industrie machten Glasgow einst zur zweitwichtigsten Stadt des britischen Kolonialreichs. Wasser spielte dabei stets eine besonders wichtige Rolle. Und das wirkte sich auch weiter flussaufwärts aus. In Lanark errichtete der Textilkaufmann David Dale im ausgehenden 18. Jahrhundert eine Baumwollfabrik, die die Kraft des Wassers voll ausnutzte. Der Fluss donnerte hier mit voller Wucht durch eine enge Schlucht und konnte so unermüdlich die Maschinen der Fabrik antreiben. Gemeinsam mit seinem Schwiegersohn Robert Owen revolutionierte Dale nicht nur den Baumwollmarkt, sondern auch die soziale Situation der Arbeiterklasse. Erschrocken über die armseligen Wohnverhältnisse und Arbeitsbedingungen, die in britischen Fabriken gang und gäbe waren, schwor Owen, seinen Mitarbeitern mehr zu bieten. Er errichtete ein Dorf rund um die Fabrik und nannte es New Lanark. Tausende von Arbeitern kamen hier mit ihren Familien unter, und obwohl sie immer noch auf engem Raum wohnten, bekamen sie hier doch die Chance auf ein besseres Leben: Die Kinder gingen in die Schule, Alkohol – zu der Zeit ein Riesenproblem – gab es kaum, und alle Arbeiter hatten Anspruch auf eine fortschrittliche Krankenversorgung. Alle Familien bekamen ein kleines Stück Land, um frisches Obst und Gemüse anzubauen, und man achtete auf persönliche Hygiene. Owen schuf eine sozialistische Utopie, die später als Owenismus bekannt wurde.

Als die Fabrik ihre Türen schloss, übernahm eine Stiftung die Anlage. Nach und nach renovierte sie die Wohn- und Fabrikgebäude und versetzte sie in den Originalzustand zurück. 2001 belohnte die UNESCO die harte Arbeit, indem sie New Lanark zum Weltkulturerbe erklärte. Heute können Besucher gemütlich durch das Dorf spazieren und in mehreren Ausstellungen alles über das Leben in New Lanark erfahren. Ein Highlight ist die begrünte Dachterrasse, von der aus man dem Rauschen des Flusses lauschen und das bunte Treiben beobachten kann, das heute wieder im Dorf herrscht.

**TIPP**

Nach dem Besuch von New Lanark lohnt sich eine Wanderung im Naturreservat Falls of Clyde.

- New Lanark, New Lanark Road, Lanark ML11 9DB, Tel. +44 1555 661345 www.newlanark.org
- ÖPNV: mit der Bahn von Central nach Lanark, dann Bus 135 oder 30 Minuten Fußweg

# Wo Legenden ruhen

## 76 Die Burg am Dumbarton Rock

Die dramatische Burganlage von Dumbarton Castle befindet sich am Fuße eines vulkanischen Basaltfelsens, der 73 Meter über den Ufern der Flüsse Clyde und Leven thront und über 350 Millionen Jahre alt ist. Doch viel magischer als diese wissenschaftliche Erklärung ist die Legende der Erschaffung von Dumbarton Rock. Als der heilige Patrick aufbrach, um das Christentum von Schottland nach Irland zu bringen, schleuderte der Teufel einen Stein nach seinem Boot, um ihn aufzuhalten. Doch der gigantische Felsen verpasste sein Ziel und landete stattdessen am Flussufer, wo er bis heute liegt.

Hätte die Burg ein Gästebuch, würde es sich ebenso märchenhaft lesen. Der Zauberer Merlin, Sir William Wallace, Maria Stuart und der romantische Dichter William Wordsworth – sie alle wanderten der Legende nach einst durch die Säle von Dumbarton Castle, auch wenn manche Besucher weniger freiwillig hier waren als andere. Einst das Zentrum des frühmittelalterlichen Königreichs von Strathclyde, wurde die Burg bald von Wikingern belagert und nach und nach befestigt. Jahrhundertelang galt Dumbarton Castle als ein Schlüssel zu Macht und Ruhm im schottischen Reich. Doch später übernahm der Hafen von Leith diese Rolle, und die Festung am Clyde verlor an Bedeutung. Die heutige Burganlage besteht hauptsächlich aus Gebäuden, die im 17. und 18. Jahrhundert zu militärischen Zwecken errichtet wurden. Darunter befindet sich auch der Aufgang zum Gipfel von Dumbarton Rock. 557 Stufen führen steil bergauf an den schönsten Ort der Burg – die Spitze von White Tower Crag. Von hier oben erstreckt sich das Tal des Clyde nach Osten und Westen, und im Norden sieht man die fernen Bergspitzen der schottischen Highlands. Inspiriert von den Legenden der Burg und beflügelt von ihrer Geschichte, kann man hier im Staunen versinken und dabei neue Energie tanken.

TIPP

Wer die passende Ausrüstung mitbringt, kann an den Felswänden des Dumbarton Rock klettern.

- Dumbarton Castle, Castle Road, Dumbarton G82 1JJ, Tel. +44 1389 732167
www.historicenvironment.scot
- ÖPNV: Bahn von Queen Street Richtung Balloch oder Helensburgh bis Haltestelle Dumbarton East

# Zauberhaftes Feenreich

77

## Der Faerie Trail in Luss

Feen, Trolle, Einhörner – die schottischen Highlands sind voll von magischen Fabelwesen und zauberhaften Geschichten. Wenn man den märchenhaften Erzählungen der gälischen Mythologie Glauben schenkt, leben sie im dichten Unterholz der Wälder, in knubbeligen Baumstämmen oder unter moosbewachsenen Ruinen. Manche Feen haben nur Unfug im Kopf. Sie wollen nichts ahnende Spaziergänger an der Nase herumführen oder gar für immer in ihr Feenreich entführen. Von ihnen sollte man sich eher fernhalten. Doch nicht alle Fabelwesen treiben solchen Schabernack. In Luss am Ufer von Loch Lomond, etwa 40 Minuten nördlich von Glasgow, lebt eine freundliche Feen-Bande, die sich immer über Besuch freut.

Der Loch Lomond Faerie Trail führt durch lichte Wäldchen und vorbei an einem rauschenden Bach hinein in die zauberhafte Feenwelt von Glen Luss. Doch die *faeries* sind so klein und schnell, man muss schon genau hinsehen. Ein flatterndes Blatt, ein raschelnder Busch, ein Platschen im Bach – sie verstecken sich unheimlich gut und gerne. Nur ihr bunter Feenstaub verrät, dass sie da waren. Und ihre Häuser, die man kaum verfehlen kann: kleine Holzhütten mit bunten Türen und verzweigten Dachgiebeln. Klein, aber oho! Entlang des Pfades finden sich Tafeln mit Rätseln, Geschichten und Geheimtipps. Hier und da stehen bunte Holzpilze mit roten und blauen gepunkteten Schirmen. Die Feen haben sogar ein spezielles Feenhaus errichtet, in das auch kleine Menschen passen. Der Faerie Trail ist ein Vergnügen für die ganze Familie, doch auch für Erwachsene ohne Kinder lohnt sich eine kleine Wanderung durch diesen wunderschönen Wald. Im Frühling blühen die Glockenblumen *(bluebells)*, im Sommer singen die Vögelchen, im Herbst hängt der Nebel tief zwischen den Bäumen, und im Winter strahlt die tief stehende Sonne ins Tal. Hier könnte man stundenlang an einen Baum gelehnt in Gedanken versinken – und bevor man es merkt, ins Feenreich hinübergehen. Vielleicht ist das ja das Geheimnis zu wahrem Glück.

TIPP

Nach der Feenwanderung lohnt sich eine Bootsfahrt vom Pier aus mit Cruise Loch Lomond.

● The Faerie Trail, School Road, Luss, Alexandria G83 8PA
www.lochlomondfaerietrail.com
● ÖPNV: Citylink Bus 914, 915, 916, 926, 976 bis Haltestelle Luss Bypass

# Inselhüpfen auf Rädern

78

## Ausflug zur Insel Great Cumbrae

Die Fährfahrt ins Inselglück ist kurz, aber zauberhaft. Links und rechts schimmert das blaue Meer in der Sonne. Hinter dem Schiff wird die lebhafte Uferpromenade von Largs immer kleiner, und vorne am Horizont liegt eine grüne Insel, die Abenteuer verspricht. Die Isle of Cumbrae ist klein (4 Kilometer lang, 2 Kilometer breit), aber sehenswert. Es gibt nur eine Hauptstraße, die rundherum führt, und ein Dorf, in dem der Großteil der Bevölkerung wohnt. Und doch ist Great Cumbrae – wie die Insel auch genannt wird – ein erstklassiges Ausflugsziel für alle, die das Land gerne auf zwei Rädern erkunden.

Radwege gibt es hier zwar nicht, doch Autos ziehen auf den kleinen Straßen ohnehin den Kürzeren. Cumbrae wird nicht umsonst die „Insel der tausend Räder" genannt. Die Rundfahrt beginnt am kleinen Fährhafen. Die meisten Besucher haben die eigenen Fahrräder dabei und radeln direkt los. Auf die Radlosen wartet ein kleiner Bus, der sie zu den Fahrradverleihen in Millport bringt.

Die Insel ist ein Naturschutzgebiet von großem geologischem Interesse. Links und rechts der kleinen Straße befinden sich geologische Merkmale, die von den Bewohnern mit viel Fantasie benannt wurden. Der Meeresfelsen Butter Lump erinnert an schmelzende Butter, Lion Rock an einen Löwen mit mächtiger Mähne und Crocodile Rock am Strand von Millport eben an ein Krokodil. Letzterer bekommt jedes Jahr aufs Neue ein Gesicht aufgemalt, und Besucher stehen Schlange, um Fotos zu schießen.

Nach einer Pause im Ort geht es weiter entlang der Westküste. Die benachbarten Inseln Arran und Bute schmücken den Horizont. In Fintry Bay gibt es ein Café mit Ausblick. Kleine Strände laden zum Verweilen ein. Kurz vor der Fähre lohnt sich eine Pause am HMS Shearwater Memorial, einer Gedenkstätte für zwei Matrosen, die hier 1844 mit einem kleinen Segelboot verunglückten. Doch die traurige Geschichte tut dem Zauber dieses Ortes keinen Abbruch. Ein Blick auf die umliegende Küste, Inseln und Berge reicht, und das Inselglück ist perfekt.

TIPP

Mit dem „Rail & Sail"-Ticket dauert die Reise von Glasgow Central nach Cumbrae etwa 1,5 Stunden.

- Isle of Cumbrae, North Ayrshire
- ÖPNV: Bahn von Central bis Station Largs und weiter mit der Fähre

# Im Blumenmeer

79

## Bothwell Castle

Glück ist, eine Picknickdecke auszubreiten, sich in die warme Sonne zu legen und die Wolken am Himmel vorbeiziehen zu sehen. Bothwell Castle ist ein Ort, der sich dafür ganz besonders eignet. Die Burgruine befindet sich inmitten eines wunderschönen Fleckchens Natur. Zwischen den ruhigen Vororten Bothwell und Uddingston gelegen, überblickt sie die mäandernden Flusswindungen des Clyde. Links und rechts der Burg erstreckt sich entlang des Flussufers ein lichtes Wäldchen. Dank der Glockenblumen verwandelt sich der Waldboden im Frühling in ein violettes Blumenmeer. Die Burg ist ein beliebtes Ausflugsziel für Glasgower, die hier die Seele baumeln lassen können. Am Parkplatz steht ein kleiner Kiosk, der frischen Kaffee und hausgemachte Kuchen verkauft. Die Ruine inklusive Turm kann gegen eine kleine Gebühr besichtigt werden.

TIPP

Der Radweg 75 führt entlang des Clyde und ruhigen Landstraßen von Glasgow bis nach Uddingston.

Wie es mit Burgruinen nun einmal so ist, ging es rund ums Bothwell Castle nicht immer so friedlich zu. Im 12. Jahrhundert legten Walter of Moray und sein Sohn William den Grundstein der Burg und errichteten den eindrucksvollen Schlossturm sowie ein Verließ. Bevor sie ihr Werk vollenden konnten, marschierte die Armee des englischen Königs Eduard I. in Schottland ein und nahm die Burg in Besitz. Die Bauarbeiten wurden zwar später noch abgeschlossen, doch im 17. Jahrhundert verfiel die Burg zur Ruine. Letztendlich gelangte sie in die Obhut des Staates, und heute wird sie von Historic Environment Scotland in Schuss gehalten. Bothwell Castle ist Schottlands größte Burganlage aus dem 13. Jahrhundert, und Historikern zufolge ist sie das prachtvollste Beispiel weltlicher Architektur des Mittelalters im Land. Obwohl sich Walter of Moray niemals seinen Traum eines Sehnsuchtsortes in der schottischen Natur erfüllen konnte, schuf er unwissentlich so einen Ort für die modernen Stadtbewohner, die von ihrem stressigen Alltag abschalten möchten – und wenn auch nur für ein paar Stunden.

- Bothwell Castle, Castle Avenue, Uddingston G71 8BL, Tel. +44 1698 816894 www.historicenvironment.scot
- ÖPNV: Bahn von Central bis Haltestelle Uddingston, von da 30 Minuten Fußweg

# Kaltwassertherapie

## 80 Wildschwimmen im Loch Lomond

Der erste Schritt ist oft der schwierigste. Nur beim Wildschwimmen ist es eher umgekehrt. Die Füße und Beine ertragen das kalte Wasser noch relativ leicht. Je weiter der Körper aber ins Wasser eintaucht, desto schwieriger wird es, den nächsten Schritt zu wagen. Sich vollkommen dem kühlen Nass hinzugeben, erfordert Überwindung und Konzentration. Was dann kommt, ist buchstäblich atemberaubend. Das Gefühl des kalten Wassers am Oberkörper ist wie ein Systemschock für den Körper. Man muss sich konzentrieren und sich selbst davon überzeugen, dass alles in Ordnung ist. Nach 30 Sekunden ist das Schlimmste überstanden. Körper und Geist haben sich an die neue Temperatur gewöhnt, und das eigentliche Abenteuer beginnt.

Von Glasgow aus gelangt man im Handumdrehen zu zahlreichen wunderschönen Seen und Flüssen, die zum Eintauchen einladen. Einer der beliebtesten Orte dafür ist Loch Lomond, der größte See Schottlands. Ob man mit dem Bus nach Luss, Duck Bay, Balmaha oder Tarbert fährt, an den Stränden herrscht das ganze Jahr über Badestimmung. Besonders Anfänger treffen hier auf erfahrene Gleichgesinnte, die immer Tipps und Tricks parat haben, um den gefährlichen Kaltwasserschock zu vermeiden.

TIPP

Tipps zum sicheren Wildschwimmen in Schottland gibt's auf outdoorswimming-society.com.

Für manche mag es unnatürlich oder gar wie eine Qual klingen – warum tut man sich das an? Doch in Schottland entdecken es immer mehr Menschen für sich. Wildschwimmen liegt voll im Trend und ist nicht nur ein physisches Erlebnis, sondern auch ein mentales Wundermittel. Sich draußen an der frischen Luft zu bewegen, ist immer gesund, doch das Wildschwimmen hat auch einen positiven psychischen Effekt. Die Überwindung, ins Wasser einzutauchen, wird zum Erfolgserlebnis, das vollen Fokus verlangt. Alles andere ist nebensächlich. Daher kann regelmäßiges Wildschwimmen dabei helfen, besser mit den Anforderungen des Alltags umzugehen. Fans des Sports sprechen nicht umsonst von der „Kaltwassertherapie", denn viele Probleme, die sonst an einem nagen, lösen sich im kalten Nass des Sees einfach auf.

- Loch Lomond
- ÖPNV: Bus bis Luss, Duck Bay, Balmaha oder Tarbert

**Bibliografische Informationen der Deutschen Nationalbibliothek**
Die Deutsche Nationalbibliothek verzeichnet diese Publikation in der Deutschen Nationalbibliografie; detaillierte bibliografische Daten sind im Internet über http://dnb.d-nb.de abrufbar.



**Konzeption/Satz:** Droste Verlag, Düsseldorf
**Einbandgestaltung und Illustrationen:** Britta Rungwerth, Düsseldorf, unter Verwendung von Bildern von © Fotolia.com: jd - photodesign.de; © iStock: Plociennik Robert
**Fotos: Kathi Kamleitner, außer:**
S. 19: Keith Hunter; S. 23: Robin Mitchell; S. 27: Mackintosh at the Willow; S. 33: Gerardo Jaconelli; S. 35: Gaelle Beri; S. 47: Jannica Honey; S. 51: MacGregor & MacDuff; S. 71: Glasgow Wake Park; S. 72: The Clydeside Distillery; S. 79: The Hunterian, University of Glasgow; S. 105: Glasgow Life; S. 107: Lauren Parsons; S. 111: The Gin Spa; S. 113: Suzi Nichol; S. 115: Andy Buchanan; S. 123: Barrowland Ballroom; S. 125: Historic Environment Scotland; S. 127: Naomi Vance; S. 131: Debbie McCall; S. 135: Sloans; S. 159: Erin Doogan; S. 167: Benjamin Tichy

FSC www.fsc.org
MIX
Papier aus verantwortungsvollen Quellen
FSC® C011279

**Druck und Bindung:** LUC GmbH, Greven
**ISBN 978-3-7700-2272-4**

**www.droste-verlag.de**